우리 친구들을 소개 합니다

소프트웨어 쏘피

나이 : 9세
성격 : 남에게 지지 않으려고 열심히 함
특징 : 하리의 여자친구, 친구들을 잘 챙겨주지만 가끔은 엉뚱한 일을 벌임

하드웨어 하리

나이 : 8세
성격 : 다른 사람을 잘 믿고 순진함
특징 : 아침에 늦잠을 자고 있을 때 컴퓨터라고 외치면 바로 일어남

어플리케이션 어스

나이 : 7세
성격 : 착하지만 잘난 척을 잘함
특징 : 악동이고 말썽을 잘 피움. 쏘피를 좋아하고 하리에게 장난을 잘함

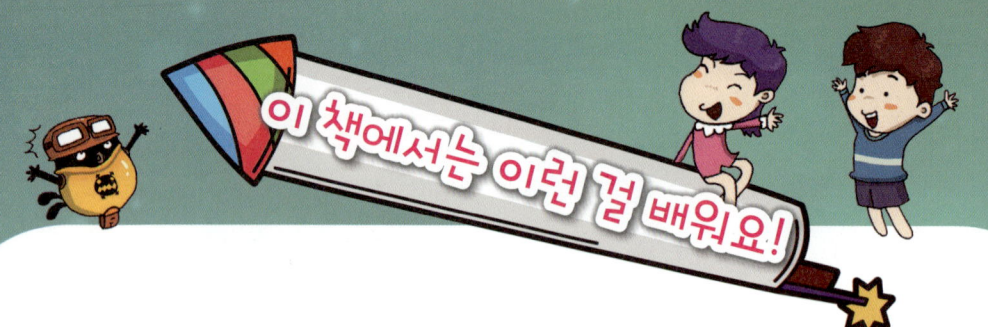

Part 1 하리와 컴퓨터 걸음마하기

- **01** 나는 컴퓨터반~ ··· 6
- **02** 컴퓨터는 내 친구~ ·· 10
- **03** 컴퓨터야, 안녕~ ·· 14
- **04** 계란을 쥐듯 잡기~ ··· 18
- **05** 가지런히 옆에 올려놓기~ ································· 24
- **06** 키보드는 내 부하~ ··· 30
- **07** 컴퓨터야, 창을 열어 봐. ··································· 36
- **08** **종합활동** ··· 44

타자연습	01장	02장	03장	04장	05장	06장	07장	08장

Part 2 쏘피와 인터넷 여행하기

- **09** 안녕, 인터넷~ ·· 48
- **10** 왔다 갔다, 어지러워~ ·· 52
- **11** 나는 여기부터 갈 거야. ···································· 58
- **12** 우리 집 주소야~ 적어 놓아. ··························· 62

이 책에서는 이런 걸 배워요!

13	아기 상어~ 뚜 루루 뚜루~	68
14	애견 친구들을 만나요.	74
15	옛날에도 냉장고가 있었나요?	80
16	**종합활동**	86

타자연습	09장	10장	11장	12장	13장	14장	15장	16장

Part 3 어스와 컴퓨터 능숙하게 다루기

17	시작 메뉴에 모두 모여 있네.	90
18	과일이 바구니에 담겨 있네.	94
19	참치 김밥 만들어 줄게~	98
20	꼭꼭 숨어라~ 작업 표시줄 보인다.	104
21	삐뽀~ 삐뽀~ 빨리빨리~	108
22	컴퓨터야, 바탕화면 꾸며 줄께~	114
23	컴퓨터야, 화면 보호해야지.	120
24	**종합활동**	126

타자연습	17장	18장	19장	20장	21장	22장	23장	24장

자료 다운로드 방법

1 렉스미디어 홈페이지(http://www.rexmedia.net)에 접속한 후 [자료실]-[대용량 자료실]을 클릭합니다. 그런 다음 렉스미디어 자료실 페이지가 표시되면 [빵터진 컴퓨터 모험] 폴더를 클릭합니다.

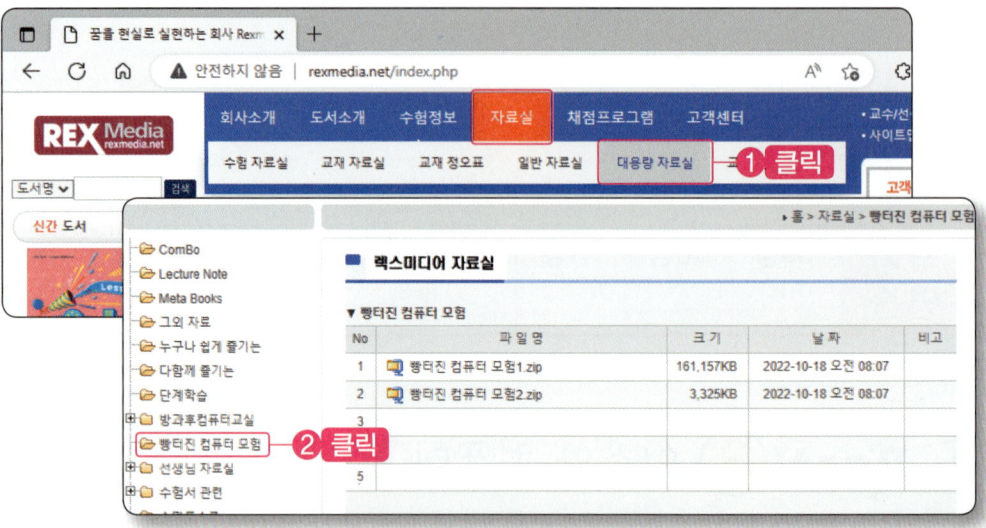

2 [빵터진 컴퓨터 모험1.zip] 파일을 클릭한 후 다운로드가 완료되면 [폴더에 표시]를 클릭합니다.

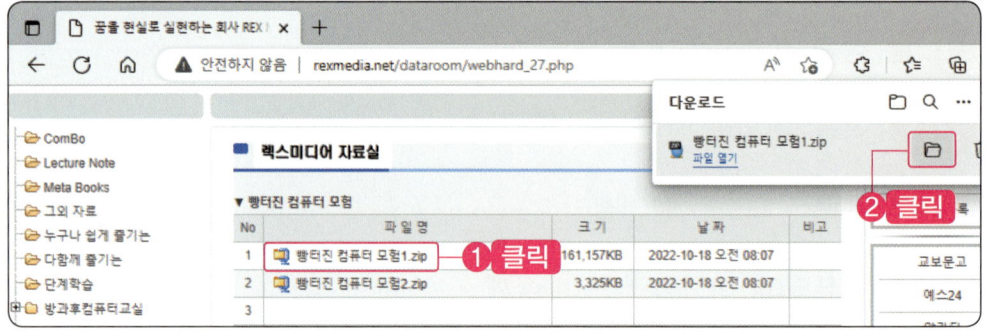

3 파일 탐색기가 실행되면 파일을 바탕 화면에 압축 해제한 후 [빵터진 컴퓨터 모험1] 자료를 확인합니다.

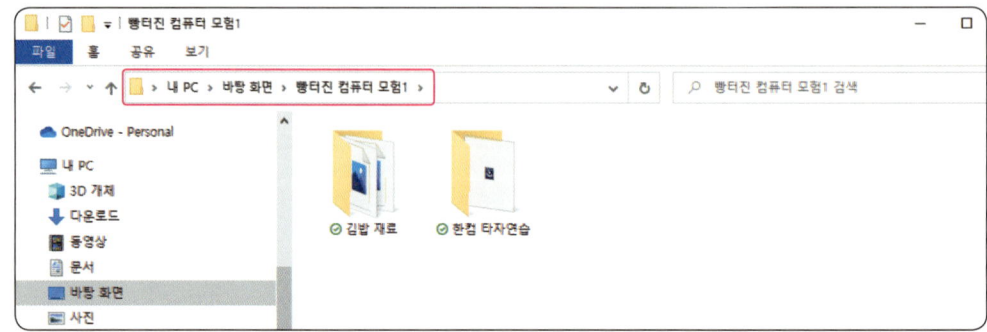

PART 01

하리와 컴퓨터 걸음마하기

01. 나는 컴퓨터반~
02. 컴퓨터는 내 친구~
03. 컴퓨터야, 안녕~
04. 계란을 쥐듯 잡기~
05. 가지런히 옆에 올려놓기~
06. 키보드는 내 부하~
07. 컴퓨터야, 창을 열어 봐.
08. 종합활동

01 나는 컴퓨터반~

월 일

- 컴퓨터 교실에서의 약속에 대해 알아봅니다.
- 컴퓨터로 할 수 있는 일에 대해 알아봅니다.

배울내용 맛보기

"맛있겠다! 나도 좀 줘~"

"과자는 쉬는 시간에만 먹어야지!"

"컴퓨터 뒤에서 과자를 먹으면 선생님은 모르실 거야~"

여러분~ 안녕! 컴퓨터 교실에 온 친구들 중에 컴퓨터를 하면서 몰래 과자를 먹는 친구가 있는데요. 그러면 안된답니다. 그럼, 컴퓨터 교실에서의 약속과 컴퓨터로 할 수 있는 일에 대해 알아볼까요?

컴퓨터 교실에서의 약속 알아보기

컴퓨터 교실은 친구들과 재미있게 컴퓨터를 공부하는 곳인데요. 친구들과 재미있게 컴퓨터를 공부하려면 컴퓨터 교실에서의 약속을 지켜야 한답니다. 그럼, 컴퓨터 교실에서의 약속에 대해 알아볼까요?

♥ 컴퓨터 교실에서의 약속
- 컴퓨터 교실에 오면 자신의 자리에 앉아 타자를 연습합니다.
- 컴퓨터 교실에서 뛰어다니거나 장난을 치지 않습니다.
- 모르는 것이 있으면 손을 들어 선생님께 여쭈어 봅니다.
- 컴퓨터나 책상 등에 낙서를 하지 않습니다.
- 컴퓨터에 이상이 생기면 선생님께 말씀드린 다음 자신의 자리에 앉아 기다립니다.
- 컴퓨터를 하면서 과자나 음료수 등을 먹지 않습니다.

01. 나는 컴퓨터반~

컴퓨터로 할 수 있는 일 알아보기

컴퓨터는 학교나 집 등에 있는데요. 컴퓨터가 있으면 채팅으로 친구와 이야기를 나누거나 인터넷 예매로 기다리지 않고 영화표를 구입하는 등의 할 수 있는 일이 많답니다. 그럼, 컴퓨터로 할 수 있는 일에 대해 알아볼까요?

♥ 컴퓨터가 없는 경우
- 편지를 쓴 다음 우체통에 넣습니다.
- 전화로 친구와 이야기를 나눕니다.
- 직접 시장이나 백화점에 가서 물건을 구입합니다.
- 매표소에서 줄을 서서 기다렸다가 영화표를 구입합니다.
- 숙제를 할 때 백과사전을 여기저기 찾아봅니다.

♥ 컴퓨터가 있는 경우
- 이메일을 전송합니다.
- 채팅으로 친구와 이야기를 나눕니다.
- 인터넷 쇼핑몰에서 물건을 구입합니다.
- 인터넷 예매로 기다리지 않고 영화표를 구입합니다.
- 숙제를 할 때 인터넷 백과사전에서 쉽고 빠르게 찾아봅니다.

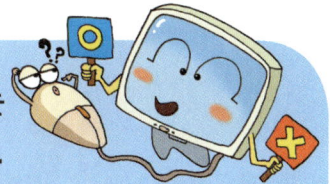

마무리 학습

1 다음 그림을 보고 컴퓨터 교실에서의 약속을 지키는 친구에게는 "O"표, 어기는 친구에게는 "X"표를 하세요.

( )　　　( )　　　( )

( )　　　( )　　　( )

2 다음 중 컴퓨터 교실에 가져와도 되는 것을 골라 "O"표를 하세요.

> 컴퓨터 책,　연필,　과자,　지우개,　인형,　축구공

가족에게 컴퓨터로 자주 하시는 일은 무엇인지 여쭈어 보고 적어 보세요.

(예) 엄마 : 이메일, 영화 보기, 음악 듣기

02 컴퓨터는 내 친구~

월 일

● 컴퓨터 장치에 대해 알아봅니다.
● 비슷한 일을 하는 컴퓨터 장치끼리 짝을 지어봅니다.

 배울내용 맛보기

내 컴퓨터보다 신기한 것이 더 많이 달려 있네!

아니야! 내 컴퓨터는 신기한 것이 더 많이 달려 있어~ 내 컴퓨터가 제일 좋은 거야!

그러게~ 좋은 컴퓨터인가 봐~

여러분~ 안녕! 컴퓨터 교실에 있는 컴퓨터는 집에 있는 컴퓨터랑 조금 다른데요. 그것은 컴퓨터를 구성하고 있는 컴퓨터 장치가 서로 다르기 때문이랍니다. 그럼, 컴퓨터 장치에 대해 알아본 다음 비슷한 일을 하는 컴퓨터 장치끼리 짝을 지어볼까요?

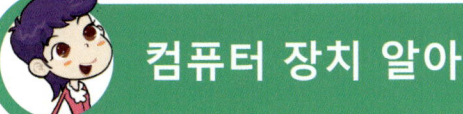

컴퓨터 장치 알아보기

컴퓨터는 본체나 모니터 등의 컴퓨터 장치로 구성되어 있는데요. 컴퓨터를 구성하고 있는 컴퓨터 장치는 하는 일이 서로 다르답니다. 그럼, 컴퓨터 장치에 대해 알아볼까요?

본체
컴퓨터의 모든 동작을 관리하고 자료를 명령대로 처리하는 장치입니다.

모니터
컴퓨터가 일하는 모습이나 자료를 화면으로 보여주는 장치입니다.

키보드
글자를 입력하거나 명령을 내릴 때 사용하는 장치입니다.

마우스
명령을 내릴 때 사용하는 장치입니다.

프린터
자료를 종이로 보여주는 장치입니다.

스피커
컴퓨터에서 나는 소리를 들려주는 장치입니다.

하드 디스크
많은 양의 자료를 보관할 수 있는 장치로 본체 안에 있어서 보이지 않습니다.

USB
적은 양의 자료를 보관할 수 있는 장치로 크기가 작아서 가지고 다닐 수 있습니다.

02. 컴퓨터는 내 친구~

비슷한 일을 하는 컴퓨터 장치끼리 짝 지어보기

컴퓨터 장치에는 키보드, 하드 디스크, 모니터 등이 있는데요. 비슷한 일을 하는 컴퓨터 장치끼리 짝을 지어 입력 장치, 저장 장치, 출력 장치로 나눌 수 있답니다. 그럼, 비슷한 일을 하는 컴퓨터 장치끼리 짝을 지어볼까요?

❖ **입력 장치**

우리가 책을 읽거나 심부름을 하듯이 글자를 입력하거나 명령을 내릴 때 사용하는 장치입니다. 입력 장치에는 키보드와 마우스가 있답니다.

❖ **저장 장치**

우리가 책이나 장난감 등을 가지고 있듯이 자료를 보관할 수 있는 장치입니다. 저장 장치에는 하드 디스크와 USB가 있답니다.

❖ **출력 장치**

우리가 글자를 쓰거나 노래를 부르듯이 자료를 보여주거나 컴퓨터에서 나는 소리를 들려주는 장치입니다. 출력 장치에는 모니터, 프린터, 스피커가 있답니다.

마무리 학습

1 다음 그림은 놀이터입니다. 이 놀이터 안에 숨어 있는 컴퓨터 장치를 찾아 "O"표를 하세요.

숨어 있는 컴퓨터 장치 : 본체, 모니터, 키보드, 마우스, 프린터, USB

2 다음 그림은 컴퓨터 장치입니다. 비슷한 일을 하는 컴퓨터 장치끼리 연결해 보세요.

우리 집에는 어떤 컴퓨터 장치가 있는지 알아보고 적어 보세요.

(예) 본체, 모니터, 키보드, 마우스, 스피커

03 컴퓨터야, 안녕~

월 일

- 컴퓨터를 켜는 방법에 대해 알아봅니다.
- 컴퓨터를 끄는 방법에 대해 알아봅니다.

배울내용 맛보기

컴퓨터를 어떻게 켜지?

잠깐만 기다려 봐~ 선생님이 오시면 여쭈어 보자~

아무 곳이나 막 눌러 봐~

여러분~ 안녕! 컴퓨터를 켠다고 아무 곳이나 막 누르면 안돼요. 친구가 여러분을 막 누르면 아프듯이 컴퓨터도 아무 곳이나 막 누르면 아프답니다. 그럼, 컴퓨터를 켜는 방법과 끄는 방법에 대해 알아볼까요?

빵터진 컴퓨터 모험1

컴퓨터 켜기

컴퓨터와 반갑게 인사하려면 먼저 컴퓨터를 켜야 하는데요. 컴퓨터를 켤 때도 순서가 있답니다. 그럼, 컴퓨터를 켜는 방법에 대해 알아볼까요?

❶ 모니터에 있는 전원 단추를 누른 다음 본체에 있는 전원 단추를 누릅니다.

❷ 모니터에 바탕 화면이 나타납니다.

잠깐만요!

윈도우 10의 화면 구성

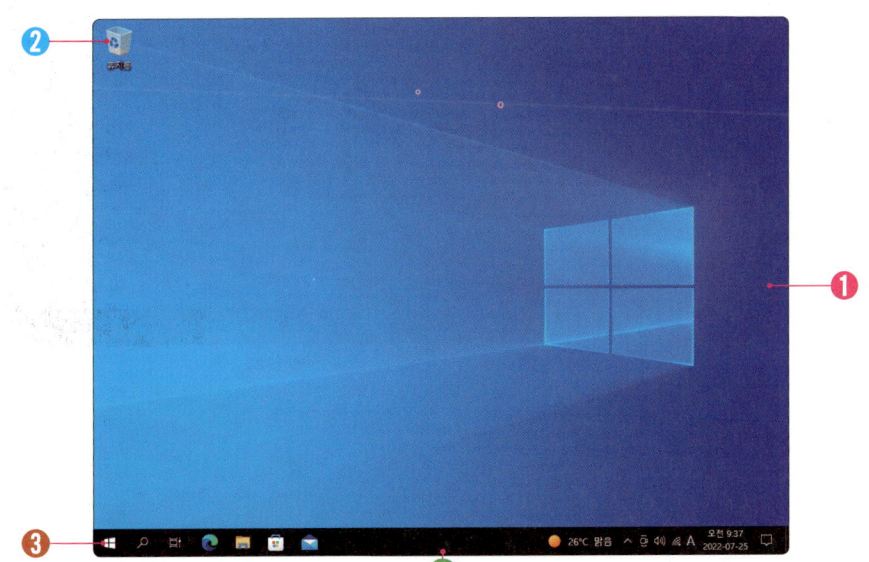

❶ **바탕 화면** : 컴퓨터를 켰을 때 가장 먼저 나타나는 화면으로 윈도우 10의 작업 공간입니다.
❷ **아이콘** : 프로그램이나 기능을 나타내는 작은 그림입니다.
❸ **시작 단추** : 컴퓨터를 끄거나 프로그램을 실행하는 등의 작업을 할 수 있는 단추입니다.
❹ **작업 표시줄** : 실행된 프로그램이 단추로 표시되는 곳입니다.

03. 컴퓨터야, 안녕~

컴퓨터 끄기

컴퓨터를 켤 때는 전원 단추를 눌러서 켰지만 끌 때는 전원 단추를 눌러서 끄지 않는데요. 컴퓨터를 끌 때 전원 단추를 눌러서 끄면 컴퓨터가 고장날 수도 있기 때문이랍니다. 그럼, 컴퓨터를 끄는 방법에 대해 알아볼까요?

① ⊞[시작] 단추를 클릭한 다음 ⏻[전원] 단추를 클릭하고 [시스템 종료]를 클릭합니다.

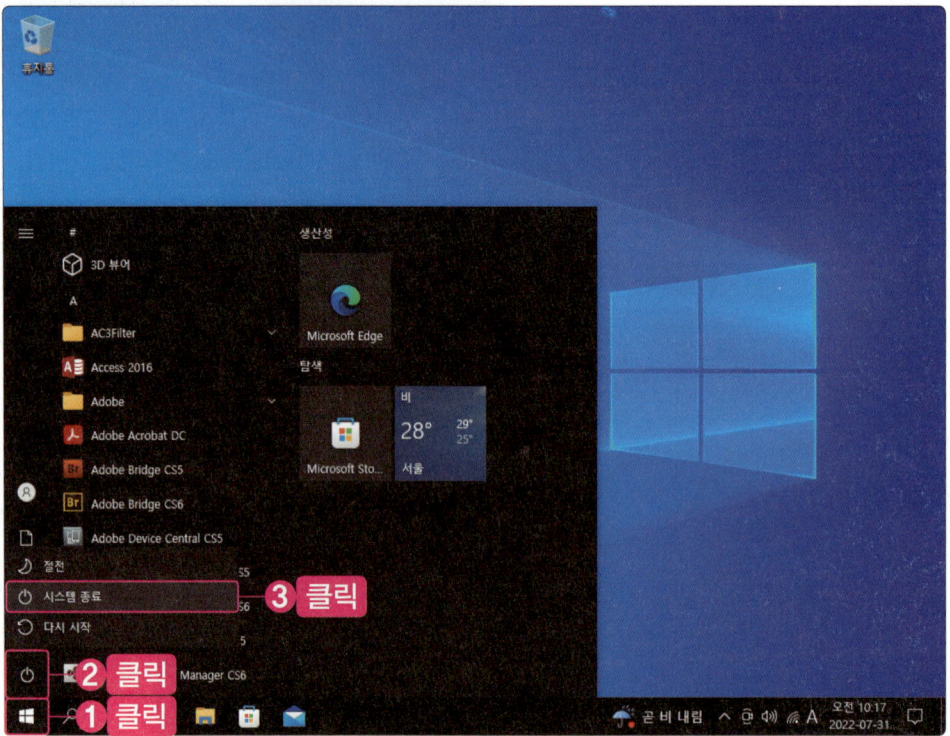

- ⊞[시작] 단추를 클릭하라는 것은 ⊞[시작] 단추로 마우스 포인터를 가져간 다음 마우스 왼쪽 단추를 한 번 누르라는 것입니다. 마우스 포인터는 마우스의 위치를 나타내는 표시인데요. 마우스를 움직일 때마다 바탕 화면에서 똑같이 따라 움직이는 ▷ 모양을 말합니다.
- ⊞[시작] 단추를 클릭하면 나타나는 메뉴를 '시작 메뉴'라고 합니다.

② 컴퓨터가 꺼집니다.

마무리 학습

1 다음 내용을 읽고 맞는 것을 골라 "O"표를 하세요.

- 컴퓨터를 켰을 때 가장 먼저 나타나는 화면입니다.
  (사탕 화면, 바탕 화면)

- 프로그램이나 기능을 나타내는 작은 그림입니다.
  (아이콘, 어른콘)

- 실행된 프로그램이 단추로 표시되는 곳입니다.
  (작업 표시줄, 작품 표시줄)

- 마우스의 위치를 나타내는 표시입니다.
  (마우스 포인터, 마우스 화살표)

2 다음 내용을 읽고 ☐ 안에 들어갈 말은 무엇인지 적어 보세요.

> ▦[☐☐☐] 단추를 클릭한 다음 ⏻[전원] 단추를 클릭하고 [시스템 종료]를 클릭하면 컴퓨터가 꺼집니다.

우리 집 컴퓨터에는 바탕 화면에 어떤 아이콘이 있는지 알아보고 적어 보세요.

(예) 휴지통, 엣지

04 계란을 쥐듯 잡기~

월 일

- 마우스를 사용하는 방법에 대해 알아봅니다.
- 마우스를 사용해 봅니다.

배울내용 맛보기

"승리의 브이~"

"브이한 손가락을 마우스 단추에 올려 놓기~"

"나머지 손가락으로 계란을 쥐듯 잡기~"

여러분~ 안녕! 마우스를 잡을 때는 오른손 검지를 마우스 왼쪽 단추에, 오른손 중지를 마우스 오른쪽 단추에 올려놓은 다음 나머지 손가락으로 계란을 쥐듯 잡으면 된답니다. 그럼, 마우스를 사용하는 방법에 대해 알아본 다음 마우스를 사용해 볼까요?

마우스를 사용하는 방법 알아보기

마우스에는 왼쪽 단추와 오른쪽 단추가 있는데요. 어느 쪽 단추를 어떻게 누르냐에 따라 클릭, 더블 클릭, 드래그, 오른쪽 클릭으로 나눌 수 있답니다. 그럼, 마우스를 사용하는 방법에 대해 알아볼까요?

클릭
마우스 왼쪽 단추를 한 번 누르는 동작입니다. 아이콘, 창, 대화상자 등을 선택하거나 시작 메뉴에 있는 프로그램을 실행할 때 사용한답니다.

더블 클릭
마우스 왼쪽 단추를 연속으로 두 번 누르는 동작입니다. 바탕 화면에 있는 프로그램을 실행할 때 사용한답니다.

드래그
마우스 왼쪽 단추를 누른 상태에서 끄는 동작입니다. 아이콘, 창, 대화상자 등을 이동할 때 사용한답니다.

오른쪽 클릭
마우스 오른쪽 단추를 한 번 누르는 동작입니다. 바로 가기 메뉴를 나타낼 때 사용한답니다.

04. 계란을 쥐듯 잡기~

마우스 사용하기

마우스를 사용하는 방법에 대해 알아보았는데요. 마우스를 익숙하게 사용하려면 마우스를 사용하는 방법대로 꾸준히 연습해야 한답니다. 그럼, 마우스를 사용해 볼까요?

1 휴지통을 실행하기 위해 바탕 화면에서 [휴지통]을 더블 클릭합니다.

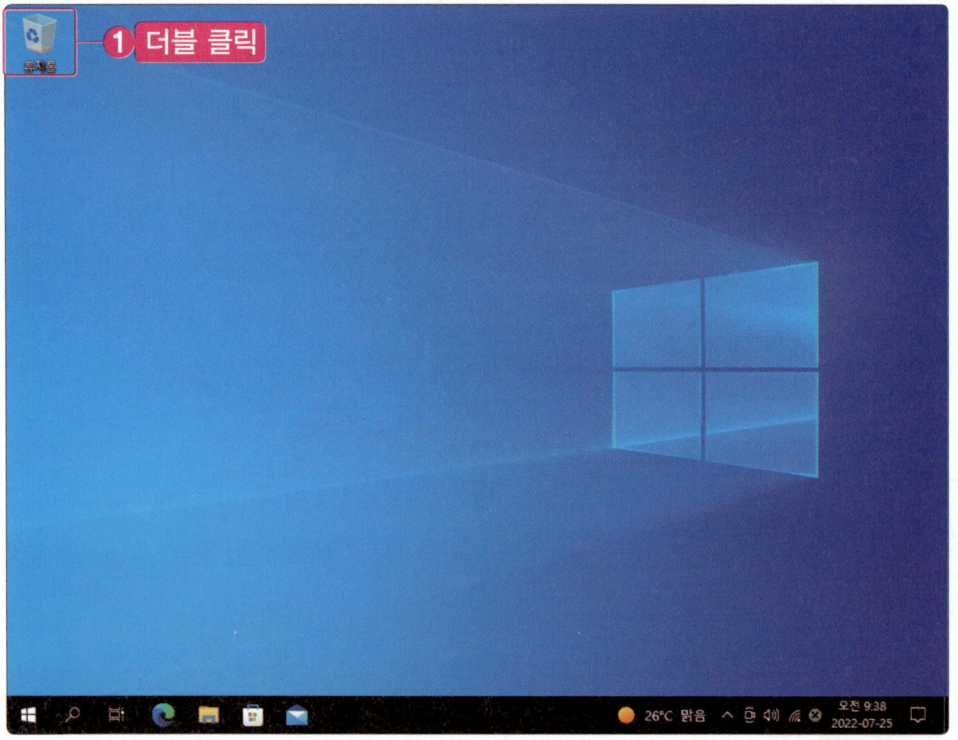

시작 메뉴에 있는 프로그램은 클릭하여 실행하고, 바탕 화면에 있는 프로그램은 더블 클릭하여 실행합니다.

❷ 휴지통이 실행되면 휴지통을 종료하기 위해 ⊠[닫기] 단추를 클릭합니다.

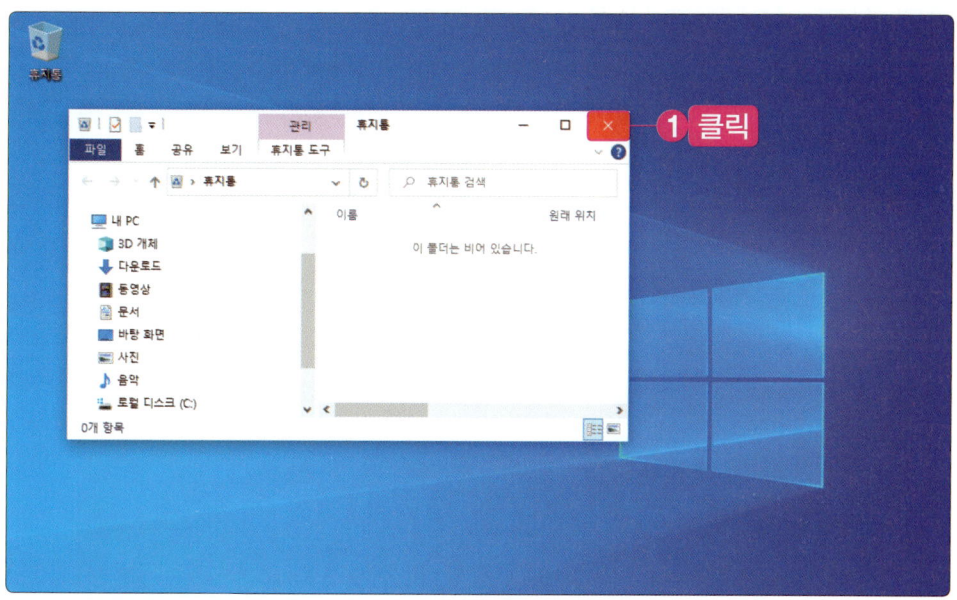

❸ 바탕 화면 아이콘을 표시하지 않기 위해 바탕 화면의 바로 가기 메뉴에서 [보기]-[바탕 화면 아이콘 표시]를 선택 해제합니다.

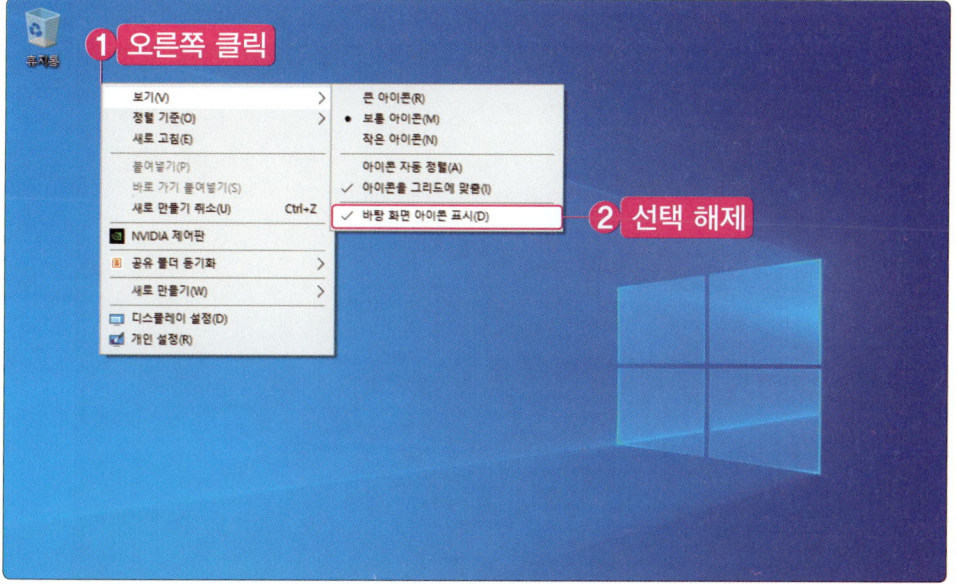

- 마우스 오른쪽 단추를 클릭하면 나타나는 메뉴를 '바로 가기 메뉴'라고 하는데요. 바로 가기 메뉴는 마우스의 위치에 따라 다르게 나타납니다.
- [바탕 화면 아이콘 표시]에 ✓ 표시가 있으면 선택되어 있는 것이고, ✓ 표시가 없으면 선택 해제되어 있는 것인데요. [바탕 화면 아이콘 표시]가 선택되어 있는 경우에는 클릭하면 선택 해제되고, [바탕 화면 아이콘 표시]가 선택 해제되어 있는 경우에는 클릭하면 선택됩니다.

04. 계란을 쥐듯 잡기~

4 바탕 화면 아이콘을 표시하기 위해 바탕 화면의 바로 가기 메뉴에서 [보기]-[바탕 화면 아이콘 표시]를 선택합니다.

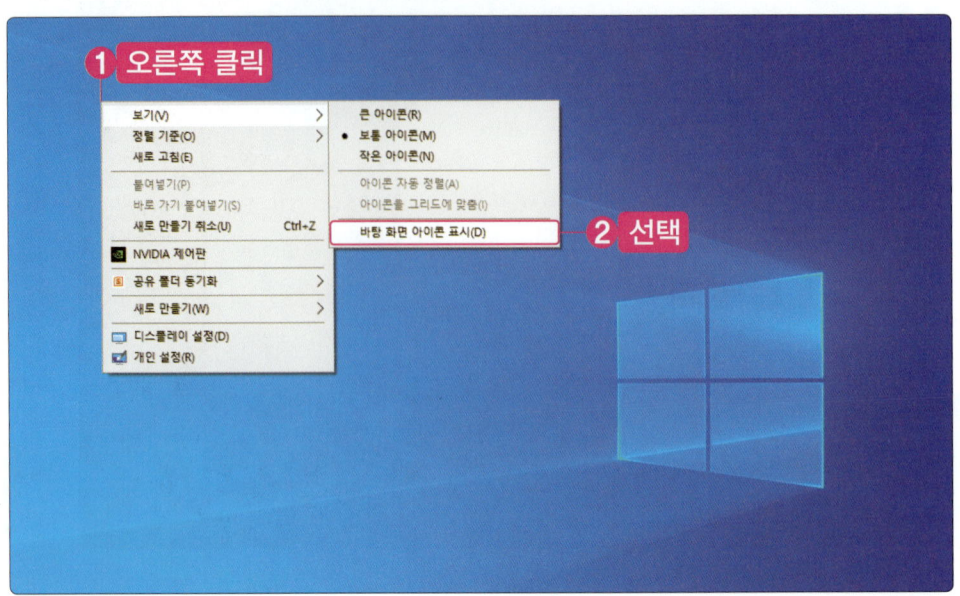

5 휴지통 아이콘( )을 이동하기 위해 다음과 같이 바탕 화면에서 휴지통 아이콘( )을 드래그합니다.

 바탕 화면 아이콘을 이동할 수 없는 경우에는 바탕 화면의 바로 가기 메뉴에서 [보기]-[아이콘 자동 정렬]을 선택 해제하면 바탕 화면 아이콘을 이동할 수 있습니다.

6 휴지통 아이콘( )이 이동됩니다.

빵터진 컴퓨터 모험1

마무리 학습

1 다음 그림을 보고 □ 안에 들어갈 말은 무엇인지 적어 보세요.

(□□)　　　　(□□ □□)

(□□□)　　　　(□□□ □□)

2 다음 내용을 읽고 □ 안에 들어갈 말은 무엇인지 적어 보세요.

> 마우스 오른쪽 단추를 클릭하면 나타나는 메뉴를 '□□ □□ □□'(이)라고 합니다.

다음과 같이 마우스를 그려 보세요.

05 가지런히 옆에 올려놓기~

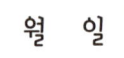
월   일

- 키보드를 사용할 때의 올바른 자세에 대해 알아봅니다.
- 키보드를 사용해 봅니다.

배울내용 맛보기

왼손 검지를 'ㄹ'자에 올려놓기~

오른손 검지를 'ㅓ'자에 올려놓기~

나머지 손가락을 가지런히 옆에 올려놓기~

여러분~ 안녕! 키보드를 사용할 때는 왼손 검지를 'ㄹ'자에, 오른손 검지를 'ㅓ'자에 올려놓은 다음 나머지 손가락을 가지런히 옆에 올려놓고 키보드를 사용한답니다. 그럼, 키보드를 사용할 때의 올바른 자세에 대해 알아본 다음 키보드를 사용해 볼까요?

키보드를 사용할 때의 올바른 자세 알아보기

키보드를 사용할 때 자세를 올바르게 하지 않으면 어깨나 등이 아플 수 있는데요. 그래서 키보드를 사용할 때는 항상 올바른 자세를 유지해야 한답니다. 그럼, 키보드를 사용할 때의 올바른 자세에 대해 알아볼까요?

팔은 옆에서 봤을 때 'ㄴ'자가 되도록 합니다.

키보드를 사용할 때는 모니터를 바라봅니다.

오리 엉덩이를 만들어 의자에 붙여줍니다.

손가락은 반듯하게 세웁니다.

05. 가지런히 옆에 올려놓기~

키보드 사용하기

① Esc
② Tab
③ Caps Lock
④ Shift
⑤ Ctrl
⑥ 윈도우
⑦ Alt
⑧ 한자
⑨ 스페이스바
⑩ 한/영

① 이에스씨 : 명령을 취소할 때 사용합니다.
② 탭 : 일정한 간격(일반적으로 여덟 칸)으로 띄우거나 다음 구성 요소로 이동할 때 사용합니다.
③ 캡스락 : 영문 입력 상태에서 영문 대/소문자를 변경할 때 사용합니다.
④ 시프트 : 한글 입력 상태에서 쌍자음(또는 특수문자)을 입력하거나 영문 입력 상태에서 영문 대/소문자를 입력할 때 사용합니다.
⑤ 컨트롤 : 다른 키와 함께 복사, 잘라내기, 붙여넣기 등을 할 때 사용합니다.
⑥ 윈도우 : 시작 메뉴를 나타낼 때 사용합니다.
⑦ 알트 : 다른 키와 함께 메뉴를 선택할 때 사용합니다.
⑧ 한자 : 한글을 한자로 바꿀 때 사용합니다.
⑨ 스페이스바 : 한 칸씩 띄울 때 사용합니다.
⑩ 한/영 : 한글/영문 입력 상태를 변경할 때 사용합니다.

빵터진 컴퓨터 모험1

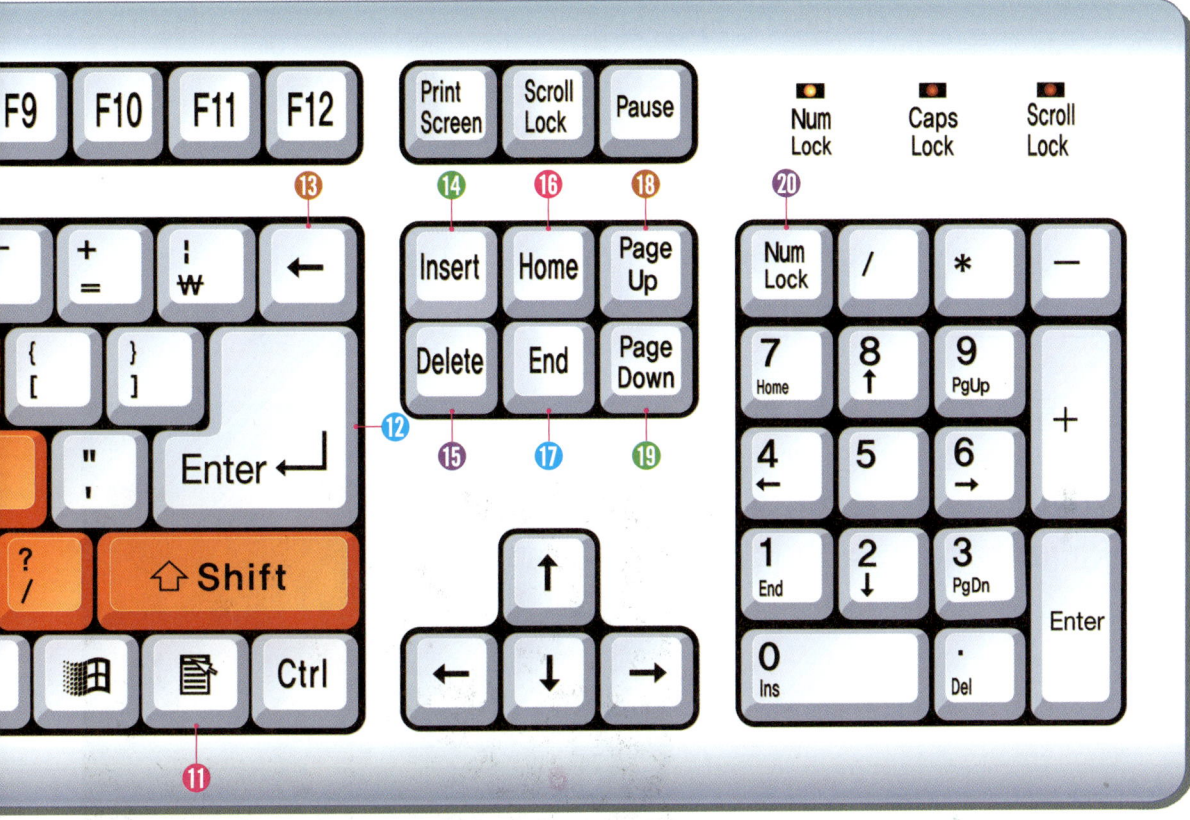

- ⑪ 바로 가기 메뉴 : 바로 가기 메뉴를 나타낼 때 사용합니다.
- ⑫ 엔터 : 명령을 실행하거나 줄을 바꿀 때 사용합니다.
- ⑬ 백스페이스 : 커서(글자가 입력되는 위치를 나타내는 표시)를 기준으로 왼쪽에 있는 글자를 지울 때 사용합니다.
- ⑭ 인서트 : 한글 2016에서 삽입/수정 상태를 변경할 때 사용합니다.
- ⑮ 딜리트 : 커서를 기준으로 오른쪽에 있는 글자를 지울 때 사용합니다.
- ⑯ 홈 : 커서를 줄의 맨 앞으로 이동할 때 사용합니다.
- ⑰ 엔드 : 커서를 줄의 맨 뒤로 이동할 때 사용합니다.
- ⑱ 페이지 업 : 커서를 한 페이지(한 화면)씩 위로 이동할 때 사용합니다.
- ⑲ 페이지 다운 : 커서를 한 페이지(한 화면)씩 아래로 이동할 때 사용합니다.
- ⑳ 넘락 : 키보드 오른쪽에 있는 숫자 키패드의 숫자키/방향키 상태를 변경할 때 사용합니다.

05. 가지런히 옆에 올려놓기~

키보드 사용하기

키보드로 한글을 입력하려면 한글의 낱자(ㄱ, ㄴ, ㅏ, ㅑ 등)를 순서대로 입력하면 되는데요. 예를 들어 '컴퓨터'를 입력하려면 '컴퓨터'의 낱자(ㅋ, ㅓ, ㅁ, ㅍ, ㅠ, ㅌ, ㅓ)를 순서대로 입력하면 된답니다. 그럼, 키보드를 사용해 볼까요?

❶ 자신의 이름을 입력하기 위해 자신의 이름을 낱자로 적어 봅니다.

(예) 김서영 ➡ ㄱㅣㅁㅅㅓㅇㅕㅇ

❷ 메모장을 실행하기 위해 ⊞[시작] 단추를 클릭한 다음 앱 뷰에서 [Windows 보조프로그램]을 클릭하고 [메모장]을 클릭합니다.

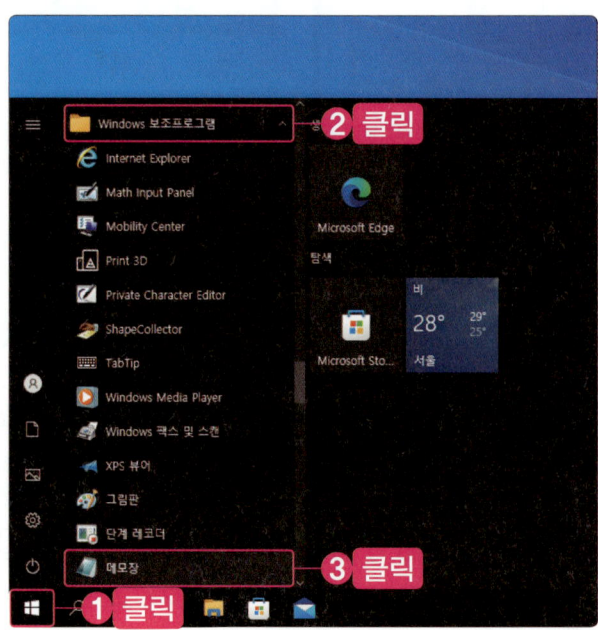

❸ 메모장이 실행되면 [한/영]을 눌러 한글 입력 상태로 변경한 다음 자신의 이름을 낱자로 적어 놓은 순서대로 입력합니다.

키보드에서 쌍자음(ㅃ, ㅉ, ㄸ, ㄲ, ㅆ), ㅐ, ㅖ, 큰따옴표(""), 특수문자(~, !, @ 등)는 [Shift]를 누른 상태에서 누르면 입력할 수 있습니다.

④ 메모장을 종료하기 위해 ×[닫기] 단추를 클릭합니다.

⑤ [메모장] 대화상자가 나타나면 [저장 안 함] 단추를 클릭합니다.

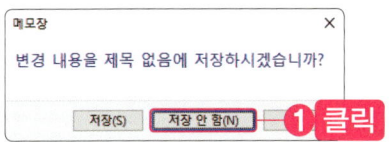

⑥ 메모장이 종료됩니다.

마무리 학습

① 키보드에 손가락을 올려놓은 다음 친구는 제대로 올려놓았는지 서로 확인해 보세요.

② 26, 27 페이지의 키보드 그림에 '모니터'를 입력할 때 눌러야 할 키를 찾아 "O"표를 하세요.

활용 학습

다음 키보드 송을 '바둑이 방울' 노래에 맞추어 불러 보세요.

이에스씨(Esc) 명령 취소 탭(Tab)은 여덟 칸 캡스락(CapsLock)은 대/소문자
시프트(Shift)는 뽀뽀뽀 컨트롤(Ctrl)/알트(Alt) 혼자서는 못해 엔터(Enter) 명령 실행
인서트(Insert)는 삽입/수정 딜리트(Delete)는 삭제 홈(Home)/엔드(End)는 앞/뒤
페이지 업(PageUp)/페이지 다운(PageDown) 위/아래 넘락(NumLock) 숫자키/방향키

06 키보드는 내 부하~

월 일

- 자리를 연습해 봅니다.
- 낱말을 연습해 봅니다.

배울내용 맛보기

> 나는 왜 타자를 연습해도 실력이 늘지 않지?

> 나도 그래~ 그런데 쏘피는 어떻게 금방 늘었니?

> 나는 매일 꾸준히 연습했어~

여러분~ 안녕! 타자 실력이 늘지 않는다고 말하는 친구들이 있는데요. 타자 실력은 매일 꾸준히 연습해야 늘 수 있답니다. 그럼, 자리와 낱말을 연습해 볼까요?

자리 연습하기

자리 연습은 키보드에서 'ㄱ', 'ㄴ', 'ㄷ' 등의 글자가 어디에 있는지 익히는 것을 말하는데요. 타자 실력을 늘리려면 먼저 자리를 연습해야 한답니다. 그럼, 자리를 연습해 볼까요?

1 한컴 타자연습을 실행하기 위해 ⊞[시작] 단추를 클릭한 다음 앱 뷰에서 [한글과컴퓨터]를 클릭하고 [한컴 타자연습]을 클릭합니다.

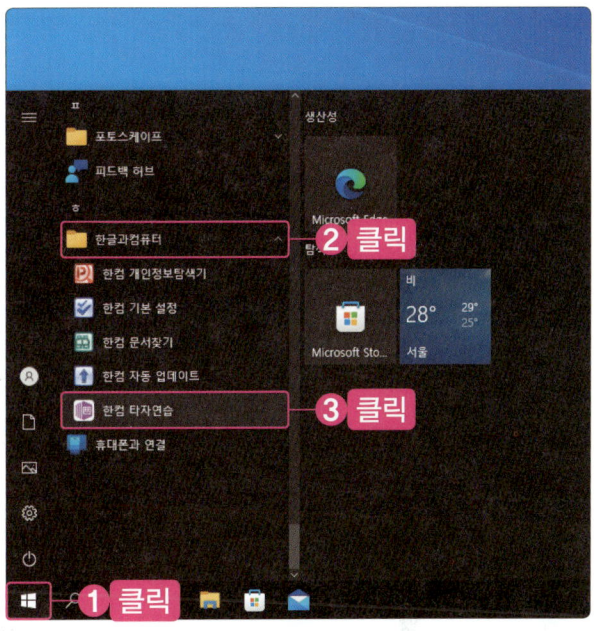

한컴 타자연습이 설치되어 있지 않으면 '빵터진 컴퓨터 모험1' 자료를 다운로드하여 한컴 타자연습을 설치합니다.

2 로그인 화면이 나타나면 [혼자하기] 단추를 클릭합니다.

한컴 타자연습의 화면은 설치된 한컴 타자연습의 버전에 따라 다를 수 있습니다.

06. 키보드는 내 부하~

3 사용자 목록 화면이 나타나면 [시작] 단추를 클릭합니다.

4 한컴 타자연습의 초기 화면이 나타나면 자리를 연습하기 위해 [자리연습] 탭을 클릭한 다음 [1]을 클릭하고 [시작] 단추를 클릭합니다.

5 자리 연습 화면이 나타나면 자리 연습 화면에 나타난 글자를 순서대로 입력하면서 자리를 연습합니다.

- 자리 연습이 끝나면 [자리 연습 결과] 대화상자가 나타나는데요. [자리 연습 결과] 대화상자에서 [계속] 단추를 클릭하면 다음 단계의 자리를 연습할 수 있습니다.
- 사용자가 지정할 내용이 있는 경우에 나타나는 상자를 '대화상자'라고 합니다.

낱말 연습하기

낱말 연습은 '나날이', '미나리', '너머' 등의 낱말을 입력하면서 타자를 연습하는 것을 말하는데요. 자리 연습과 낱말 연습을 충분히 한다면 여러분도 키보드 대장이 될 수 있답니다. 그럼, 낱말을 연습해 볼까요?

1. 낱말을 연습하기 위해 [낱말연습] 탭을 클릭한 다음 [1]을 클릭하고 [시작] 단추를 클릭합니다.

2. 낱말 연습 화면이 나타나면 낱말 연습 화면에 나타난 낱말을 순서대로 입력하면서 낱말을 연습합니다.

- 낱말 연습 화면에 나타난 낱말을 입력한 다음 Enter를 누르면 다음 낱말을 입력할 수 있습니다.
- 낱말 연습이 끝나면 [낱말 연습 결과] 대화상자가 나타나는데요. [낱말 연습 결과] 대화상자에서 [계속] 단추를 클릭하면 다음 단계의 낱말을 연습할 수 있습니다.
- [케이크던지기]나 [해상구조SOS]를 클릭하면 게임을 하면서 타자를 연습할 수 있습니다.

06. 키보드는 내 부하~

3 낱말을 연습했으면 한컴 타자연습을 종료하기 위해 ❌ 단추를 클릭합니다.

4 '한컴 타자연습을 끝낼까요?'라고 묻는 대화상자가 나타나면 [끝냄] 단추를 클릭합니다.

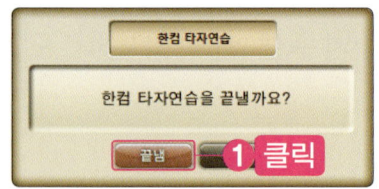

5 한컴 타자연습이 종료됩니다.

잠깐만요!

영문 타자 연습하기

한컴 타자연습의 초기 화면에서 [설정/통계] 단추를 클릭하면 설정/통계 화면이 나타나는데요. 다음과 같이 설정/통계 화면에서 [글자판선택]을 클릭하여 '영어'로 변경한 다음 [돌아가기] 단추를 클릭하면 영문 타자를 연습할 수 있고, 다시 [글자판선택]을 클릭하여 '한글'로 변경한 다음 [돌아가기] 단추를 클릭하면 한글 타자를 연습할 수 있습니다.

마무리 학습

1 다음 중 키보드에서 '@'는 어떤 키를 누른 상태에서 누르면 입력할 수 있는지 골라 보세요.

① Ctrl ② Alt
③ Shift ④ Tab

2 다음과 같이 한컴 타자연습에서 [케이크던지기] 게임을 하면서 타자를 연습해 보세요.

다음과 같이 한컴 타자연습에서 영문 타자를 연습해 보세요.

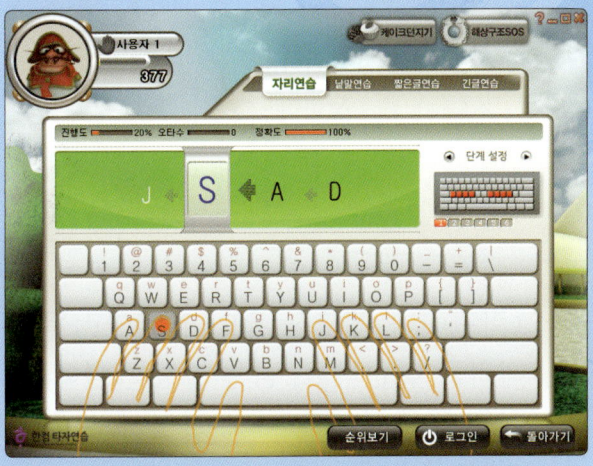

07 컴퓨터야, 창을 열어 봐.

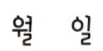

- 창의 크기를 조정하고 창을 활성화하는 방법에 대해 알아봅니다.
- 창 조정 단추를 사용하는 방법에 대해 알아봅니다.

집에 있는 창문을 창이라고 하잖아~ 창문같은 것 아닐까?

컴퓨터에서 창은 무엇일까?

아니야~ 삼지창이 창이야~

여러분~ 안녕! 그림판이나 메모장 등의 프로그램을 실행하면 나타나는 화면을 '창'이라고 하는데요. 창은 프로그램에 따라 조금씩 다르답니다. 그럼, 창의 크기를 조정하고 창을 활성화하는 방법과 창 조정 단추를 사용하는 방법에 대해 알아볼까요?

창의 크기 조정하고 창 활성화하기

창의 크기는 고정되어 있지 않고 여러분이 보기 편하게 조정할 수 있는데요. 창의 크기를 조정하는 방법도 아주 쉽답니다. 그럼, 창의 크기를 조정하고 창을 활성화하는 방법에 대해 알아볼까요?

① 그림판을 실행하기 위해 ⊞[시작] 단추를 클릭한 다음 앱 뷰에서 [Windows 보조프로그램]을 클릭하고 [그림판]을 클릭합니다.

② 메모장을 실행하기 위해 ⊞[시작] 단추를 클릭한 다음 앱 뷰에서 [Windows 보조프로그램]을 클릭하고 [메모장]을 클릭합니다.

③ [메모장] 창의 크기를 조정하기 위해 다음과 같이 [메모장] 창의 오른쪽 아래 모서리를 드래그합니다.

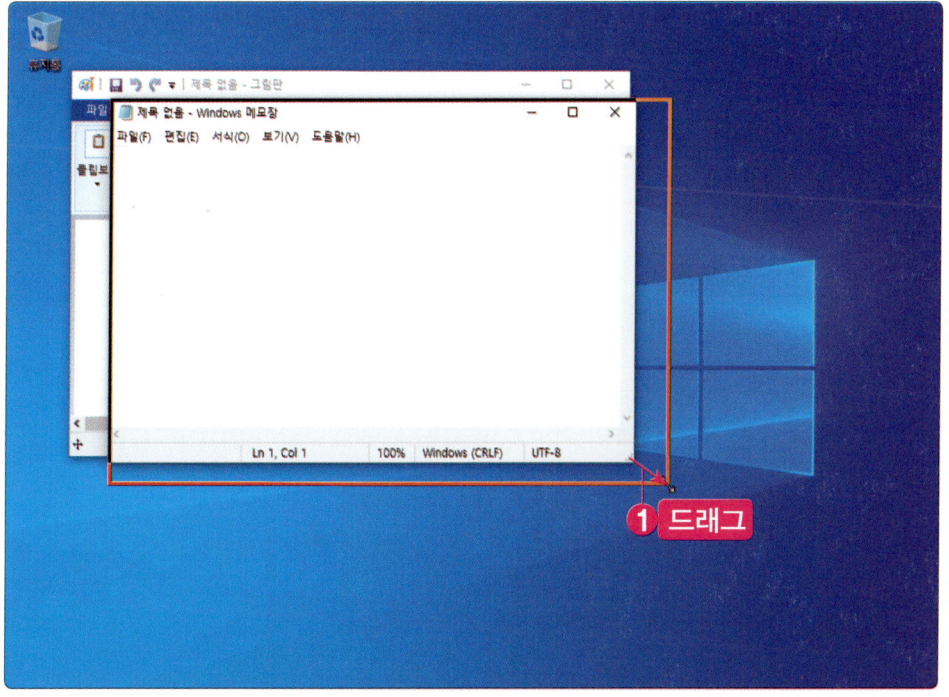

[메모장] 창의 오른쪽 아래 모서리로 마우스 포인터를 가져가서 마우스 포인터가 ⤡ 모양으로 변경되었을 때 드래그합니다.

07. 컴퓨터야, 창을 열어 봐.

잠깐만요!

창의 구성

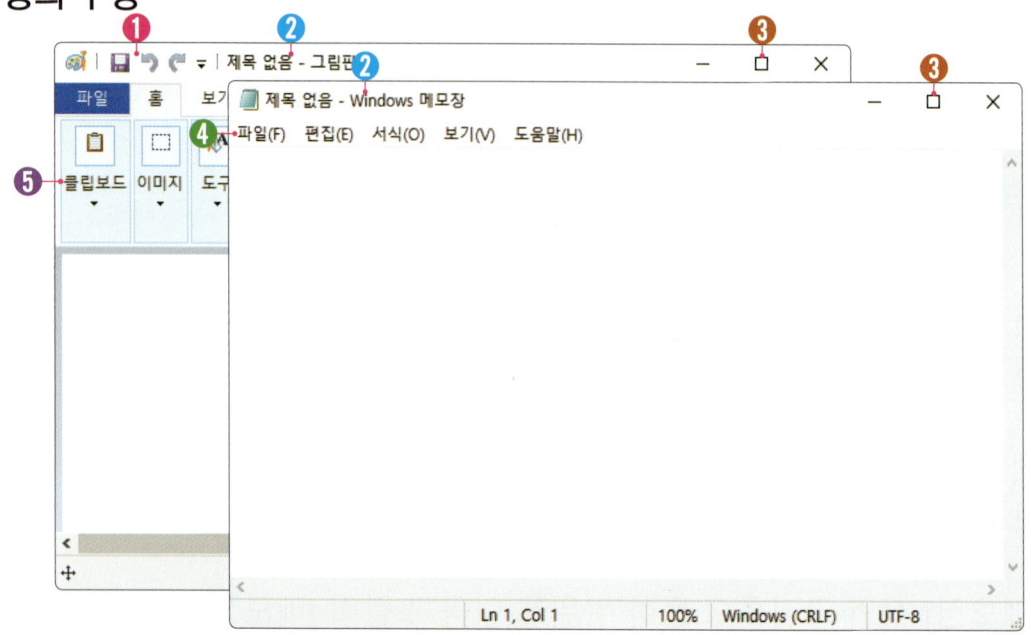

❶ **빠른 실행 도구 모음** : 자주 사용하는 기능을 빠르게 실행할 수 있는 도구 모음(창에서 제공하는 기능을 아이콘으로 만들어 놓은 것)입니다.

❷ **제목 표시줄** : 창의 이름이 표시되는 곳입니다.

❸ **창 조정 단추** : 창을 최소화하거나 최대화하는 등의 작업을 할 수 있는 단추입니다.
- [최소화] : 창을 바탕 화면에는 표시하지 않고 작업 표시줄에만 단추로 표시합니다.
- [최대화] : 창을 바탕 화면의 크기로 조정합니다. 창을 최대화하면 [최대화] 단추가 [이전 크기로] 단추로 변경됩니다.
- [이전 크기로] : 창을 최대화 이전의 크기로 조정합니다. 창을 최대화 이전의 크기로 조정하면 [이전 크기로] 단추가 [최대화] 단추로 변경됩니다.
- [닫기] : 창을 닫습니다.

❹ **메뉴 모음** : 창에서 제공하는 기능을 서로 관련 있는 기능별로 구분하여 놓은 곳입니다.

❺ **리본 메뉴** : 메뉴 모음과 도구 모음이 하나로 통합된 메뉴입니다. [홈]과 [보기] 등의 탭으로 구성되어 있고 탭은 서로 관련 있는 기능별로 구분하여 놓은 그룹으로 구성되어 있습니다.

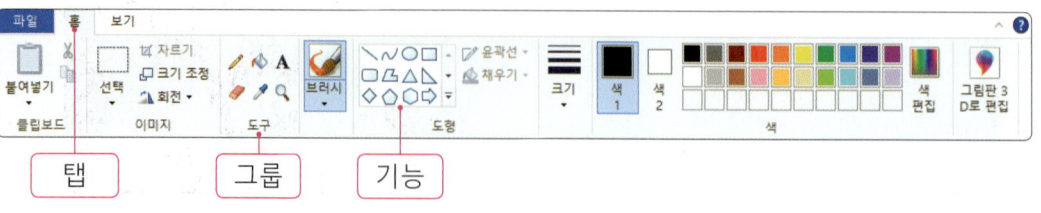

④ [그림판] 창을 활성화하기 위해 [그림판] 창을 클릭합니다.

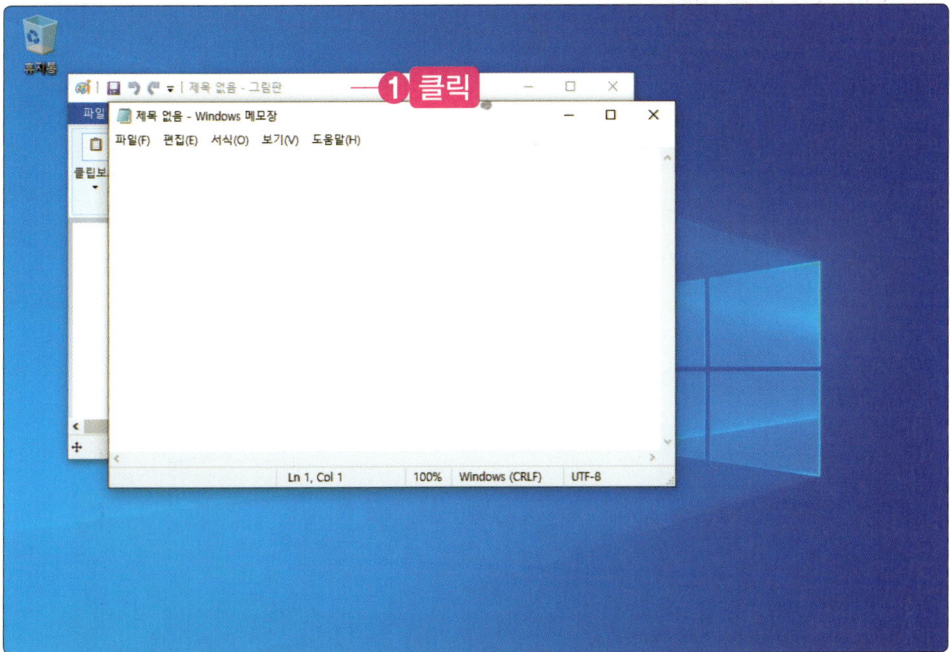

- 창 중에서 현재 선택되어 있는 창을 '활성 창'이라고 하고, 선택되어 있지 않은 창을 '비활성 창'이라고 하는데요. 활성 창은 바탕 화면에서 맨 앞에 표시됩니다.
- 작업 표시줄에서 [그림판] 단추를 클릭하여 [그림판] 창을 활성화할 수도 있습니다.

⑤ 다음과 같이 [그림판] 창이 활성화됩니다.

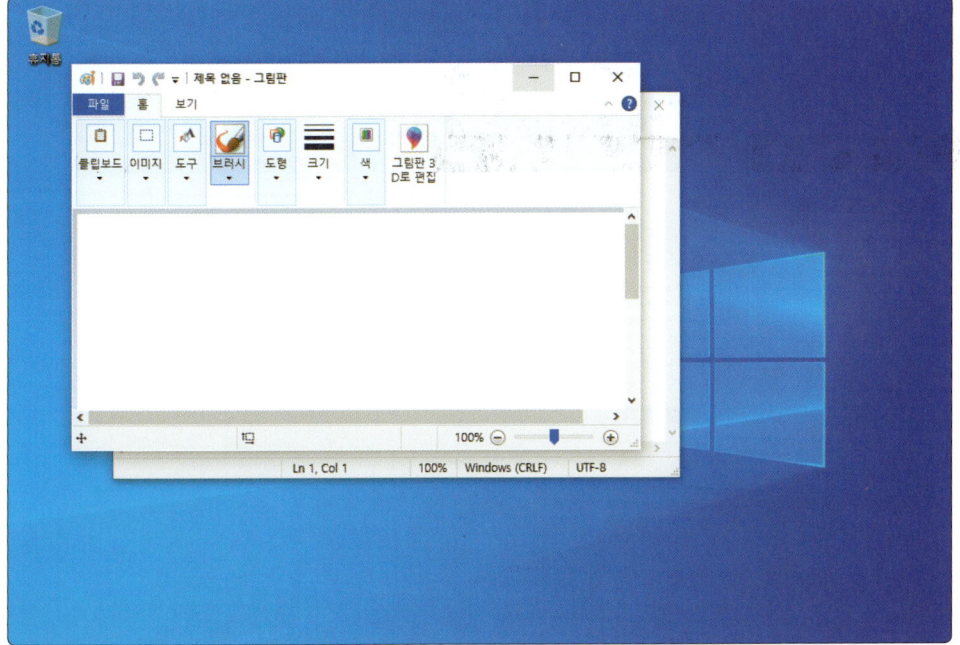

07. 컴퓨터야, 창을 열어 봐.

창 조정 단추 사용하기

창에는 창 조정 단추가 있는데요. 창 조정 단추를 사용하면 창을 최소화하거나 최대화하는 등의 작업을 쉽고 빠르게 할 수 있답니다. 그럼, 창 조정 단추를 사용하는 방법에 대해 알아볼까요?

1 [그림판] 창을 최소화하기 위해 ▭[최소화] 단추를 클릭합니다.

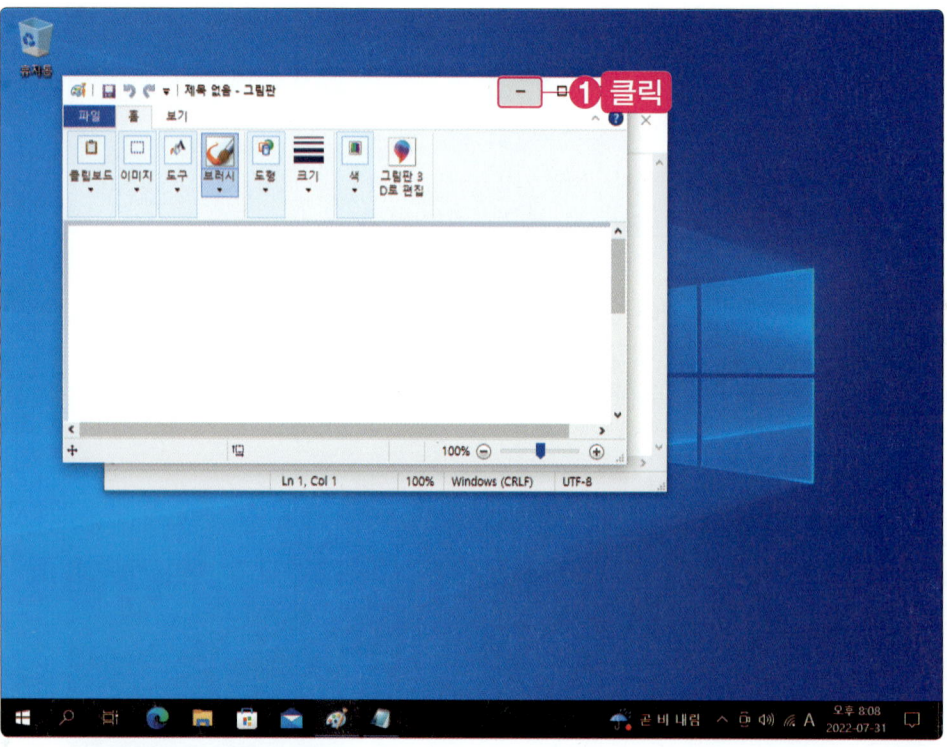

잠깐만요!

창 이동하기
창의 제목 표시줄을 드래그하면 창을 이동할 수 있습니다.

② [메모장] 창을 최대화하기 위해 ▢[최대화] 단추를 클릭합니다.

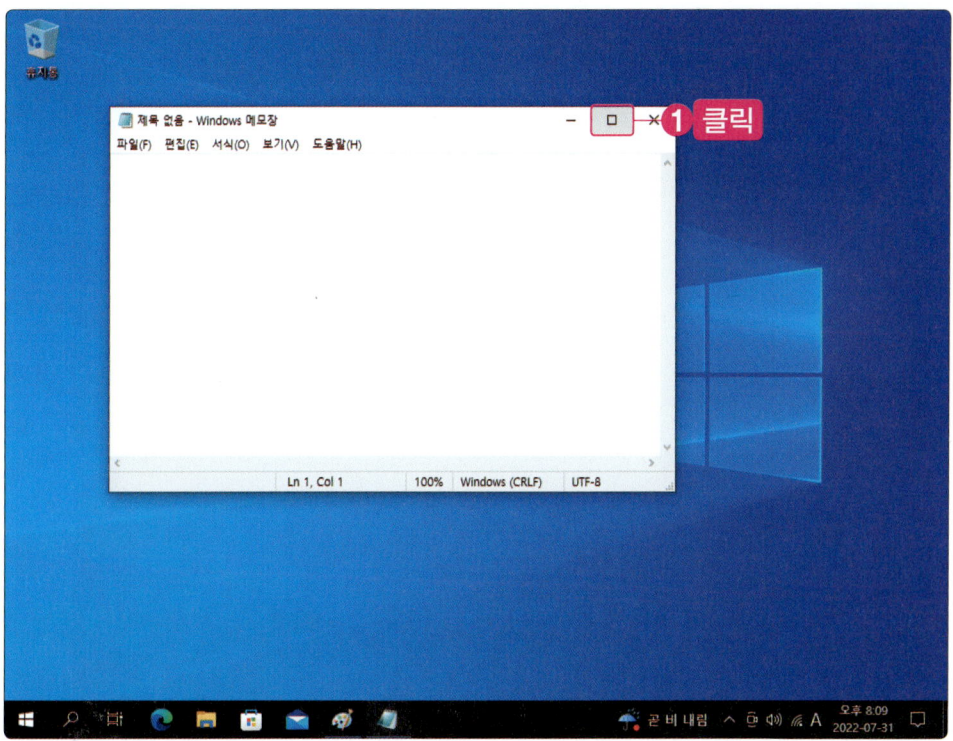

③ [메모장] 창을 최대화 이전의 크기로 조정하기 위해 ▢[이전 크기로] 단추를 클릭합니다.

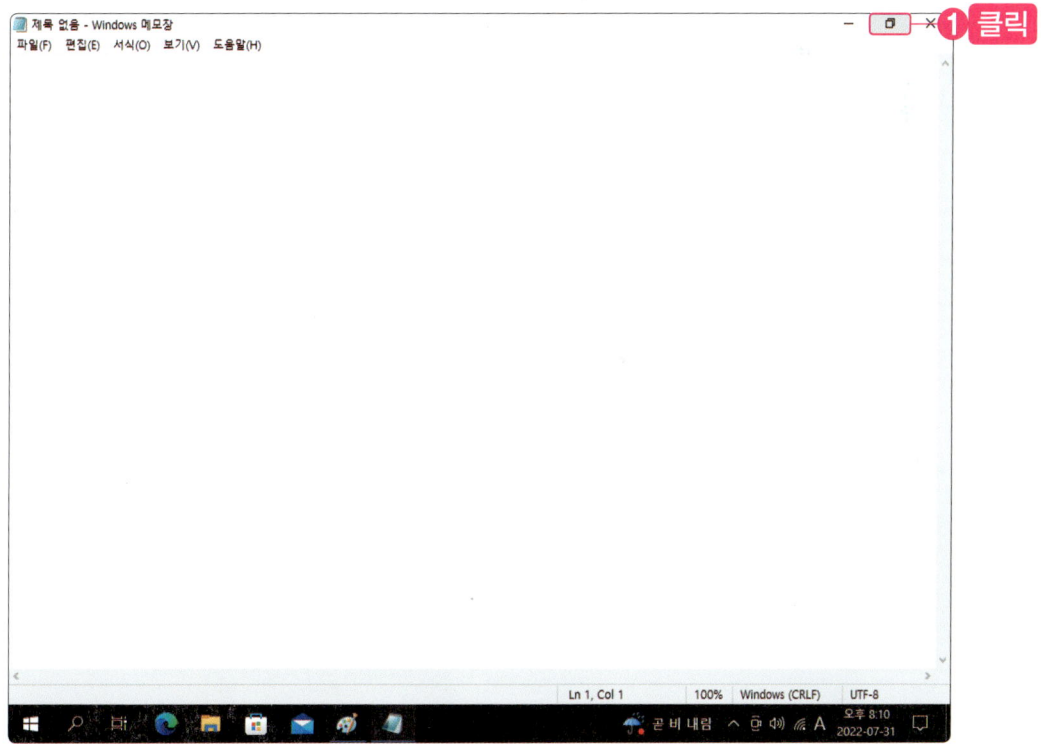

07. 컴퓨터야, 창을 열어 봐.

4 ▶ [메모장] 창을 닫기 위해 ⊠[닫기] 단추를 클릭합니다.

5 ▶ [그림판] 창을 닫기 위해 작업 표시줄에 있는 🎨[그림판] 단추의 바로 가기 메뉴에서 [창 닫기]를 클릭합니다.

6 ▶ [그림판] 창이 닫힙니다.

마무리 학습

1 다음은 창 조정 단추와 설명입니다. 창 조정 단추와 설명을 알맞게 연결해 보세요.

- ─ •　　　　　　• 창을 바탕 화면의 크기로 조정합니다.
- ☐ •　　　　　　• 창을 작업 표시줄에만 단추로 표시합니다.
- ❐ •　　　　　　• 창을 닫습니다.
- ✕ •　　　　　　• 창을 최대화 이전의 크기로 조정합니다.

2 다음과 같이 메뉴 모음과 도구 모음이 하나로 통합된 메뉴를 무엇이라고 하는지 적어 보세요. (　　　　　　)

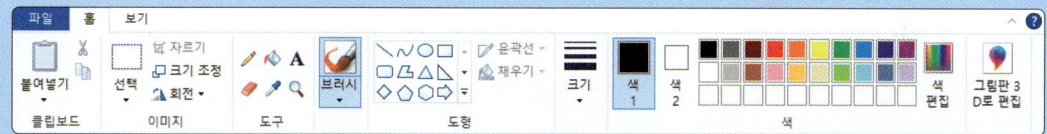

다음과 같이 워드패드를 실행한 다음 [워드패드] 창을 최대화해 보세요.

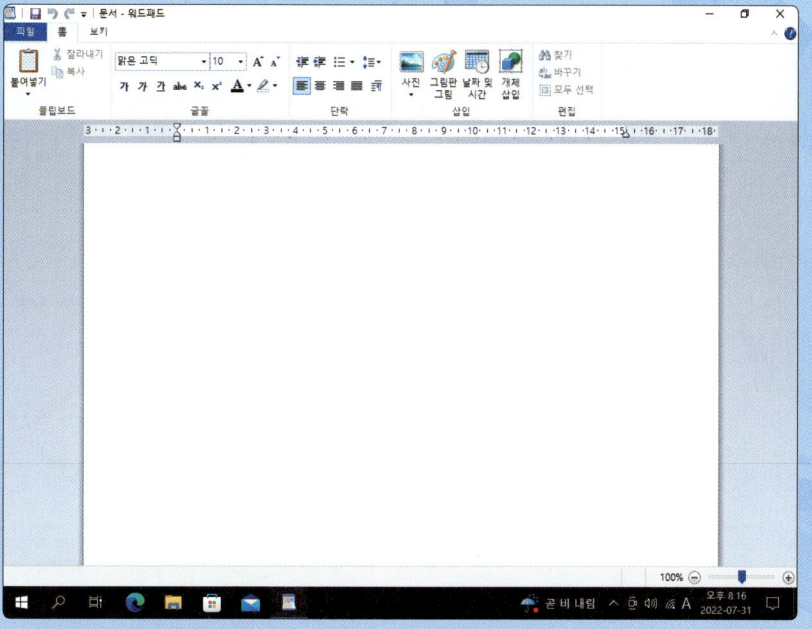

08 하리와 컴퓨터 걸음마하기

컴퓨터 걸음마를 뗀 하리가 쏘피와 어스를 만나기 위해 신비의 섬에 가려고 해요. 하리가 신비의 섬에 가려면 신발을 얻은 다음 여러 가지 난관을 지나가야 하는데요. 하리가 무사히 신비의 섬에 도착할 수 있도록 여러분이 도와주세요.

1. 하리는 먼 길을 가야 하기 때문에 신발을 얻어야 해요. 하리가 신발을 얻기 위해서는 컴퓨터 교실에서의 약속을 지키는 친구이면 'O', 어기는 친구이면 'X'를 선택해야 하는데요. 잘못 선택하면 고무신이나 짚신을 얻을 수도 있답니다. 하리가 신발을 얻을 수 있도록 여러분이 도와주세요.

2. 하리가 세 개의 고개를 만났어요. 하리가 세 개의 고개를 넘기 위해서는 각 고개에 살고 있는 컴퓨터 장치의 이름을 적어야 하는데요. 잘못 적으면 고개에서 구를 수도 있답니다. 하리가 세 개의 고개를 넘을 수 있도록 여러분이 도와주세요.

3. 하리가 징검다리를 만났어요. 하리가 징검다리를 건너기 위해서는 윈도우 10의 화면 구성 요소가 적혀 있는 돌에 "O"표를 해야 하는데요. 잘못 표시하면 시냇물에 빠질 수도 있답니다. 하리가 징검다리를 건널 수 있도록 여러분이 도와주세요.

4. 드디어 하리가 네 개의 문이 있는 신비에 섬에 도착했어요. 하리가 신비의 섬에 들어가기 위해서는 최대화 문에 "O"표를 해야 하는데요. 최대화 문은 창을 최대화하는 단추가 있답니다. 하리가 신비의 섬에 들어갈 수 있도록 여러분이 도와주세요.

PART 02

쏘피와 인터넷 여행하기

09. 안녕, 인터넷~
10. 왔다 갔다, 어지러워~
11. 나는 여기부터 갈 거야.
12. 우리 집 주소야~적어 놓아.
13. 아기 상어~ 뚜 루루 뚜루~
14. 애견 친구들을 만나요.
15. 옛날에도 냉장고가 있었나요?
16. 종합활동

09 안녕, 인터넷~

월 일

- 인터넷에 대해 알아봅니다.
- 인터넷을 시작하고 종료하는 방법에 대해 알아봅니다.

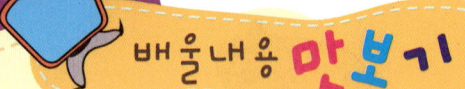

오늘 왜 늦었어? 옷은 왜 이렇고? 어디 놀러 가니?

인터넷이 무엇인지 모르니? 이런 옷은 필요 없다고~

선생님이 인터넷으로 여행을 간다고 하셔서 학교 앞에서 기다리고 있었어.

여러분~ 안녕! 오늘은 인터넷으로 여행을 간다고 했는데요. 그것은 컴퓨터를 사용하여 여행을 가는 것이랍니다. 그럼, 인터넷에 대해 알아본 다음 인터넷을 시작하고 종료하는 방법에 대해 알아볼까요?

인터넷 알아보기

인터넷으로 할 수 있는 일은 많은데요. 인터넷 예매로 기다리지 않고 영화표를 구입할 수도 있고, 채팅으로 친구와 이야기를 나눌 수도 있고, 인터넷 박물관에 방문하여 전 세계에 있는 유물을 구경할 수도 있답니다. 그럼, 인터넷에 대해 알아볼까요?

인터넷은 전 세계에 있는 수많은 컴퓨터를 서로 연결하여 놓은 것입니다. 그래서 컴퓨터가 인터넷에 연결되어 있으면 전 세계를 여행할 수 있는데요.

그러면 인터넷에서 우리가 가고 싶은 곳을 어떻게 찾을 수 있을까요? 그것은 집마다 주소가 있듯이 인터넷에도 주소가 있기 때문에 찾을 수 있습니다.

다음은 둘리와 둘리의 친구들이 있는 둘리뮤지엄의 주소와 둘리뮤지엄 사이트의 주소인데요. 여기서 둘리뮤지엄 사이트는 인터넷에 있는 둘리뮤지엄입니다.

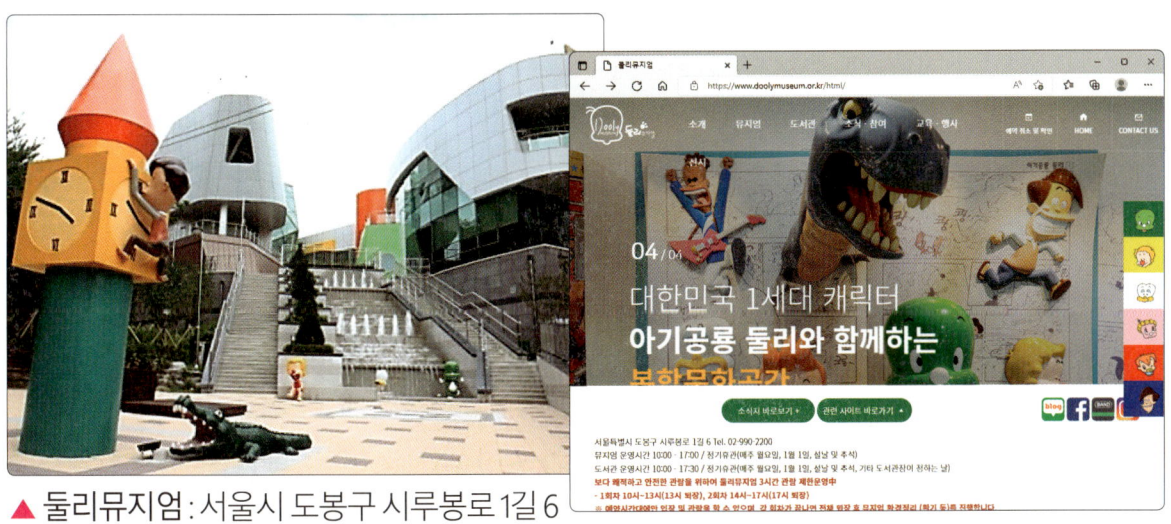

▲ 둘리뮤지엄 : 서울시 도봉구 시루봉로 1길 6

▲ 둘리뮤지엄 사이트 : www.doolymuseum.or.kr

09. 안녕, 인터넷~

인터넷 시작하고 종료하기

여러분이 인터넷을 할 수 있도록 도와주는 프로그램을 '웹 브라우저'라고 하는데요. 웹 브라우저에는 엣지나 크롬 등이 있답니다. 그럼, 인터넷을 시작하고 종료하는 방법에 대해 알아볼까요?

① 엣지를 실행하기 위해 ⊞[시작] 단추를 클릭한 다음 앱 뷰에서 [Microsoft Edge]를 클릭합니다.

잠깐만요!

엣지의 화면 구성

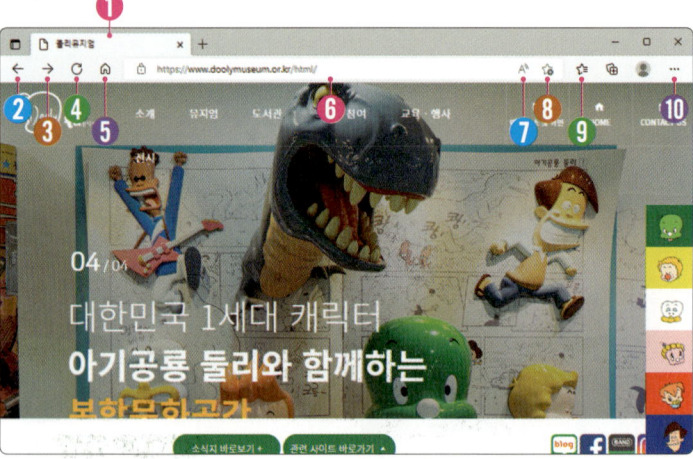

❶ 탭 : 접속된 페이지를 나타낸 것입니다. 탭에는 접속된 페이지의 제목이 표시됩니다.
❷ 뒤로 : 이전 페이지로 이동합니다.
❸ 앞으로 : 다음 페이지로 이동합니다.
❹ 새로 고침 : 현재 페이지에 다시 접속합니다. 현재 페이지의 내용을 최신 내용으로 수정하는 경우에 주로 사용합니다.
❺ 홈 : 기본 시작 페이지로 이동합니다.
❻ 주소 표시줄 : 접속된 페이지의 주소가 표시되는 곳입니다.
❼ 이 페이지 소리 내어 읽기 : 현재 페이지를 소리 내어 읽어줍니다.
❽ 이 페이지를 즐겨찾기에 추가 : 현재 페이지를 즐겨찾기에 추가합니다.
❾ 즐겨찾기 : 자주 접속하는 사이트를 즐겨찾기 모음에 추가하거나 관리하는 등의 작업을 할 수 있습니다.
❿ 설정 및 기타 : 현재 페이지를 인쇄하거나 엣지를 설정하는 등의 작업을 할 수 있습니다.

❷ 시작 페이지가 나타나면 엣지를 종료하기 위해 ☒[닫기] 단추를 클릭합니다.

- 엣지가 실행되었을 때 처음 화면에 나타나는 페이지를 '시작 페이지'라고 하는데요. 시작 페이지는 엣지마다 다르게 지정되어 있을 수 있습니다.
- '페이지'라는 단어를 사용하는 것은 화면 하나를 문서 한 장에 비유하기 때문입니다.

❸ 엣지가 종료됩니다.

마무리 학습

❶ 다음 내용을 읽고 ☐ 안에 들어갈 말은 무엇인지 적어 보세요.

> ☐☐☐은(는) 전 세계에 있는 수많은 컴퓨터를 서로 연결하여 놓은 것입니다.

❷ 다음 중 인터넷을 하려면 어떤 프로그램을 사용해야 하는지 골라 보세요.
① 메모장   ② 그림판   ③ 엣지   ④ 워드패드

우리 집 컴퓨터에는 어떤 웹 브라우저가 있는지 알아보고 적어 보세요.

(예) 엣지, 크롬

10. 왔다 갔다, 어지러워~

월 일

● 엣지의 화면을 확대/축소하는 방법에 대해 알아봅니다.
● 페이지를 이동하는 방법에 대해 알아봅니다.

배울내용 맛보기

"엣지의 화면이 너무 작네~ 안 보여~"

"무슨 방법이 있을 거야~ 선생님이 오시면 여쭈어 보자~"

"그러게~ 안경을 써야겠어~"

여러분~ 안녕! 엣지의 화면을 너무 축소해 놓았네요. 엣지의 화면은 확대하거나 축소할 수 있답니다. 그럼, 엣지의 화면을 확대/축소하는 방법과 페이지를 이동하는 방법에 대해 알아볼까요?

빵터진 컴퓨터 모험1

엣지의 화면 확대/축소하기

엣지의 화면이 너무 작거나 크면 확대하거나 축소할 수 있는데요. 엣지의 화면은 500%까지 확대하거나 25%까지 축소할 수 있답니다. 그럼, 엣지의 화면을 확대/축소하는 방법에 대해 알아볼까요?

1 엣지를 실행한 다음 서울어린이대공원 사이트에 접속하기 위해 주소 표시줄에 '서울어린이대공원'을 입력하고 Enter를 누릅니다.

2 '서울어린이대공원'에 대한 검색 결과가 나타나면 [서울시설공단|서울어린이대공원]을 클릭합니다.

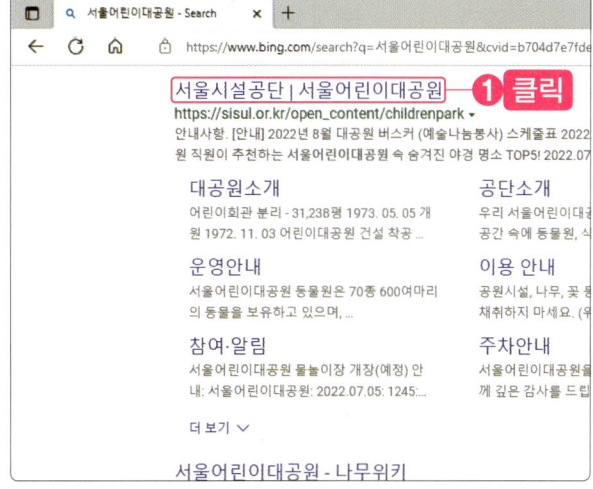

[서울시설공단|서울어린이대공원]으로 마우스 포인터를 가져가면 마우스 포인터가 🖑 모양으로 변경되는데요. 마우스 포인터가 🖑 모양으로 변경된다는 것은 다른 페이지와 연결되어 있다는 것입니다.

53

10. 왔다 갔다, 어지러워~

③ 서울어린이대공원 홈 페이지가 나타나면 엣지의 화면을 확대하기 위해 …[설정 및 기타]를 클릭한 다음 ＋[확대]를 클릭하고 설정 및 기타를 숨기기 위해 현재 페이지의 빈 부분을 클릭합니다.

사이트에 접속했을 때 처음 화면에 나타나는 페이지를 '홈 페이지'라고 하는데요. 지금은 사이트 전체를 '홈 페이지'라고도 합니다.

④ 엣지의 화면이 확대되면 엣지의 화면을 축소하기 위해 …[설정 및 기타]를 클릭한 다음 ㅡ[축소]를 클릭하고 설정 및 기타를 숨기기 위해 현재 페이지의 빈 부분을 클릭합니다.

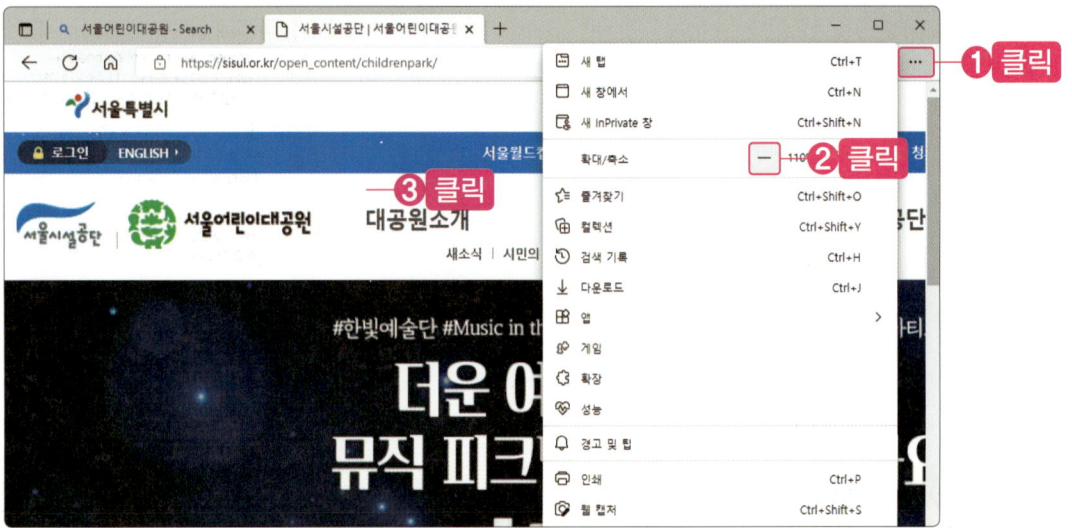

⑤ 엣지의 화면이 축소됩니다.

페이지 이동하기

엣지에서는 이전 페이지나 다음 페이지로 이동할 수 있는데요. 이전 페이지는 현재 페이지를 보기 전에 본 페이지, 다음 페이지는 현재 페이지를 본 다음에 본 페이지를 말한답니다. 그럼, 페이지를 이동하는 방법에 대해 알아볼까요?

① 서울어린이대공원 홈 페이지에서 [운영안내]-[동물나라]를 클릭합니다.

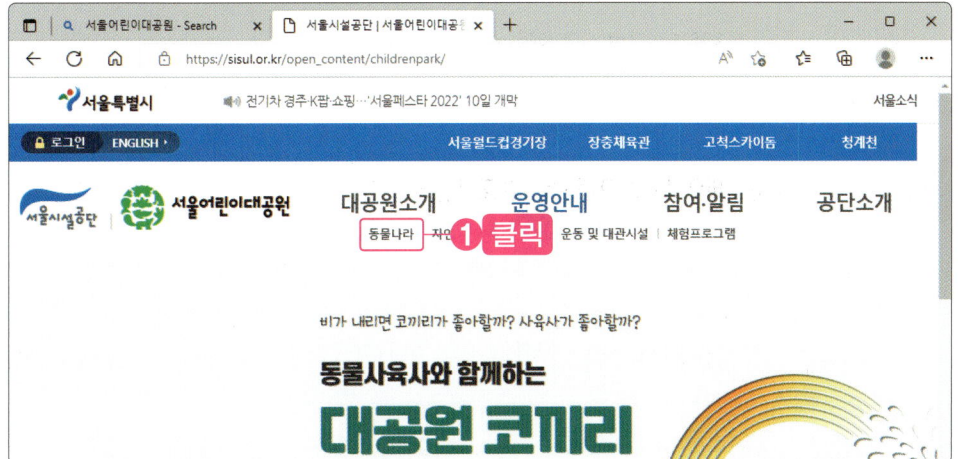

 [운영안내]로 마우스 포인터를 가져가면 [동물나라]가 나타납니다.

② 동물나라 페이지가 나타나면 [자연나라]를 클릭합니다.

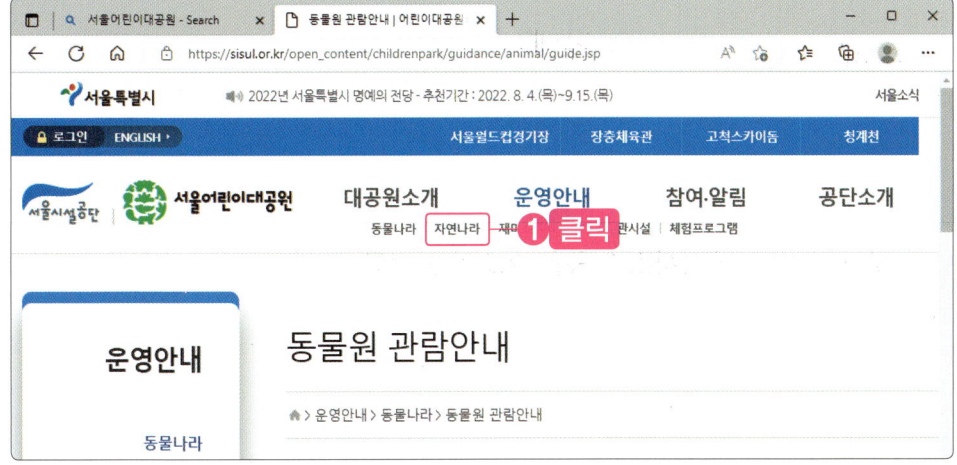

10. 왔다 갔다, 어지러워~

③ 자연나라 페이지가 나타나면 이전 페이지로 이동하기 위해 ←[뒤로] 단추를 클릭합니다.

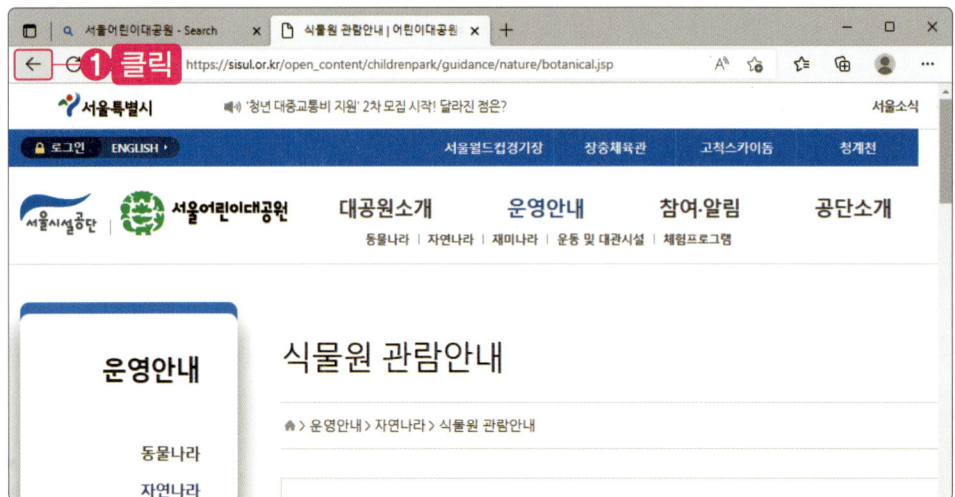

 Alt + ← 를 눌러 이전 페이지로 이동할 수도 있습니다.

④ 동물나라 페이지가 다시 나타나면 다음 페이지로 이동하기 위해 →[앞으로] 단추를 클릭합니다.

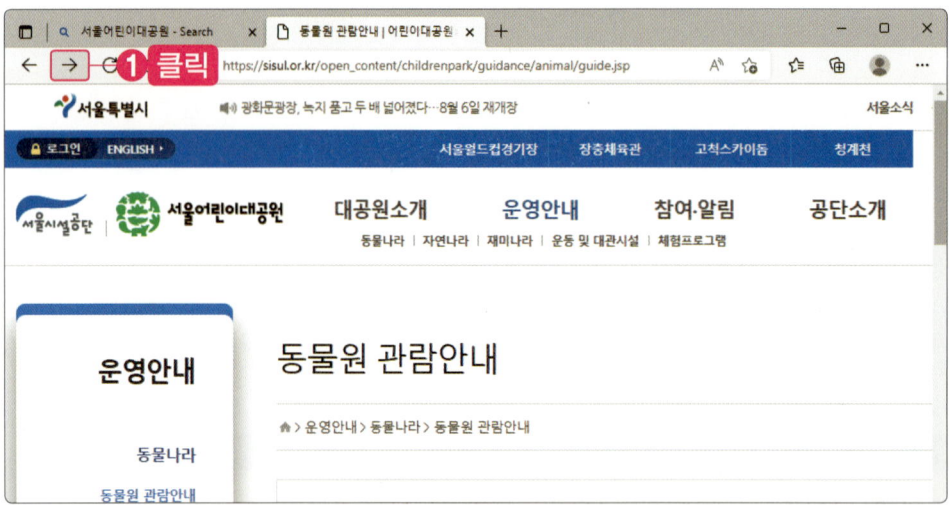

 Alt + → 를 눌러 다음 페이지로 이동할 수도 있습니다.

⑤ 자연나라 페이지가 다시 나타납니다.

마무리 학습

1 다음과 같이 엣지의 화면을 80%로 축소한 다음 다시 100%로 확대해 보세요.

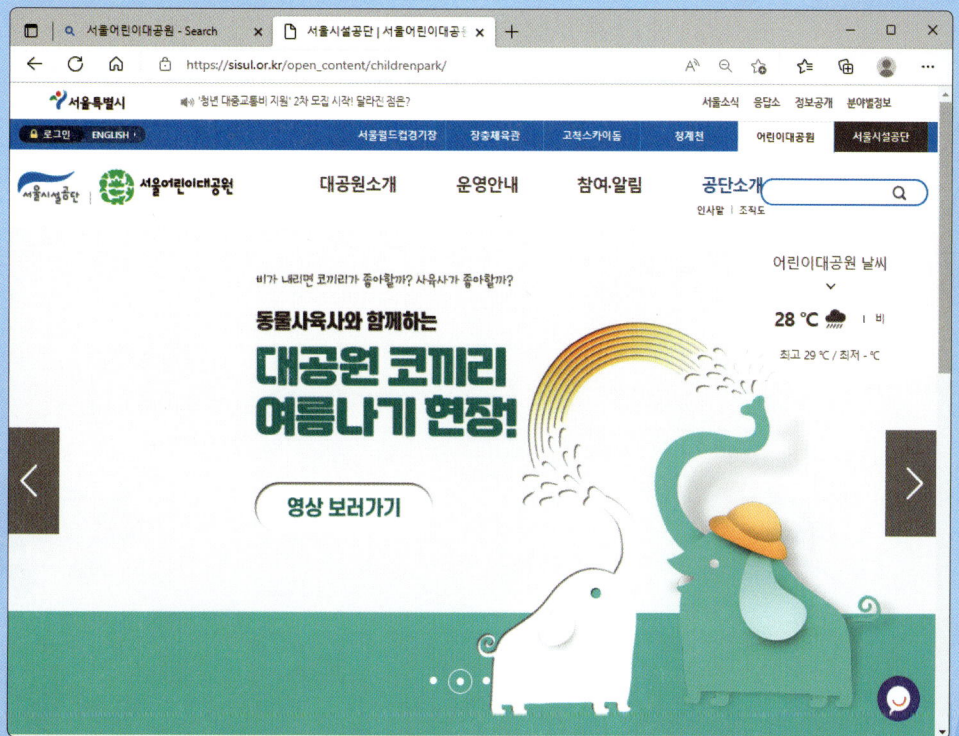

2 다음 중 이전 페이지로 이동하려면 어떤 단추를 클릭해야 하는지 골라 보세요.

①   ②
③   ④

서울어린이대공원의 동물나라에는 어떤 동물들이 살고 있는지 알아보고 적어 보세요.

(예) 미어캣, 돼지꼬리원숭이, 아시아코끼리

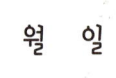
월   일

11. 나는 여기부터 갈 거야.

● 테마를 지정하는 방법에 대해 알아봅니다.
● 시작 페이지를 지정하는 방법에 대해 알아봅니다.

 배울내용 맛보기

엣지를 실행하면 이 페이지부터 나타나네.

시작 페이지를 지정하면 이렇게 할 수 있어~

그러게~ 언제부터 이렇게 됐지?

여러분~ 안녕! 엣지가 실행되었을 때 처음 화면에 나타나는 페이지를 '시작 페이지'라고 하는데요. 시작 페이지는 언제든지 여러분이 원하는 페이지로 지정할 수 있답니다. 그럼, 테마를 지정하는 방법과 시작 페이지를 지정하는 방법에 대해 알아볼까요?

테마 지정하기

테마는 엣지의 모양과 색 등을 변경할 수 있는 기능인데요. 테마를 지정하면 엣지를 예쁘게 꾸밀 수 있답니다. 그럼, 테마를 지정하는 방법에 대해 알아볼까요?

① 엣지를 실행한 다음 …[설정 및 기타]를 클릭하고 [설정]을 클릭합니다.

② [설정]이 나타나면 [브라우저 디스플레이]를 선택한 다음 [테마]에서 [아이시 민트]를 선택합니다.

③ 다음과 같이 테마가 지정됩니다.

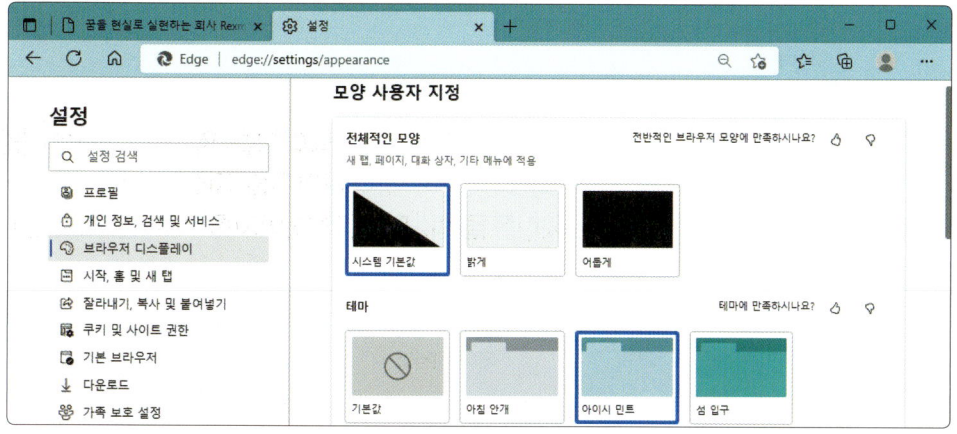

④ 같은 방법으로 테마를 '기본값'으로 지정합니다.

11. 나는 여기부터 갈 거야.

시작 페이지 지정하기

인터넷을 하다 보면 항상 맨 처음에 접속하는 페이지가 있기 마련인데요. 이 페이지를 시작 페이지로 지정하면 엣지가 실행되었을 때 자동으로 항상 맨 처음에 접속하므로 편리하답니다. 그럼, 시작 페이지를 지정하는 방법에 대해 알아볼까요?

① [설정]에서 [시작, 홈 및 새 탭]을 선택한 다음 [Edge가 시작되는 경우]에서 ⋯[추가 작업]을 클릭하고 [편집]을 클릭합니다.

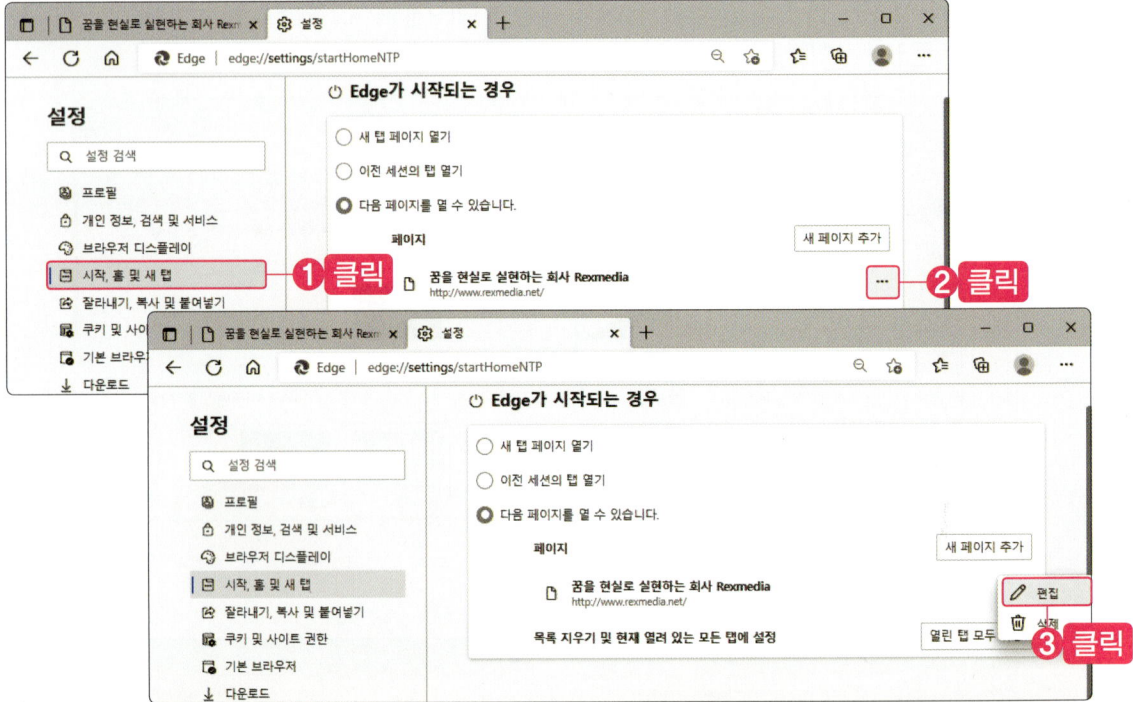

- 시작 페이지가 지정되어 있지 않은 경우에는 [다음 페이지를 열 수 있습니다.]를 선택한 다음 [새 페이지 추가] 단추를 클릭하여 시작 페이지를 지정합니다.
- ⋯[추가 작업]을 클릭한 다음 [삭제]를 클릭하면 시작 페이지를 삭제할 수 있습니다.

② [페이지 편집] 대화상자가 나타나면 URL(jr.naver.com)을 입력한 다음 [저장] 단추를 클릭합니다.

③ 엣지를 종료한 다음 다시 실행하면 다음과 같이 시작 페이지가 지정된 것을 확인할 수 있습니다.

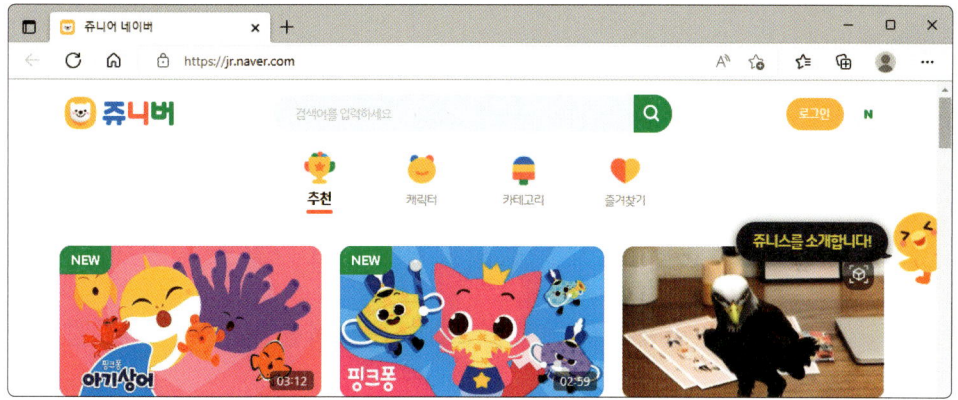

마무리 학습

① 다음과 같이 테마를 '풍선 껌'으로 지정한 다음 다시 '기본값'으로 지정해 보세요.

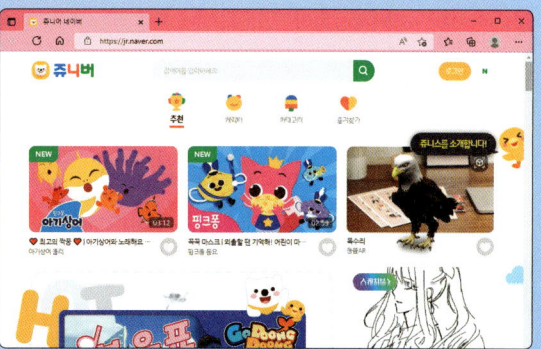

② 다음 내용을 읽고 □ 안에 들어갈 말은 무엇인지 적어 보세요.

> 엣지가 실행되었을 때 처음 화면에 나타나는 페이지를 '□□ □□□'(이)라고 합니다.

우리 집 컴퓨터는 엣지가 실행되었을 때 처음 화면에 어떤 페이지가 나타나는지 알아보고 적어 보세요.

(예) 네이버

12. 우리 집 주소야~ 적어 놓아.

월   일

- 즐겨찾기 모음에 사이트를 추가하는 방법에 대해 알아봅니다.
- 즐겨찾기 모음을 항상 표시하는 방법에 대해 알아봅니다.

 배울내용 맛보기

내가 자주 접속하는 사이트인데 주소가 외워지지 않아.

즐겨찾기 모음이 있는 것을 모르나 보네~

주소가 외워지지 않으면 적어 놓아~

여러분~ 안녕! 인터넷을 하다 보면 자주 접속하는 사이트가 있기 마련인데요. 이 사이트를 기억하기 위해 외우거나 적어 놓을 필요가 없답니다. 그럼, 즐겨찾기 모음에 사이트를 추가하는 방법과 즐겨찾기 모음을 항상 표시하는 방법에 대해 알아볼까요?

즐겨찾기 모음에 사이트 추가하기

즐겨찾기 모음은 자주 접속하는 사이트를 모아 놓은 곳인데요. 즐겨찾기 모음에 사이트를 추가하면 언제든지 바로 접속할 수 있답니다. 그럼, 즐겨찾기 모음에 사이트를 추가하는 방법에 대해 알아볼까요?

1 엣지를 실행한 다음 한국어린이안전재단 사이트(childsafe.or.kr)에 접속합니다.

엣지를 실행한 다음 주소 표시줄에 'childsafe.or.kr'을 입력하고 Enter 를 누르면 한국어린이안전재단 사이트에 접속할 수 있습니다.

2 한국어린이안전재단 홈 페이지가 나타나면 ☆[이 페이지를 즐겨찾기에 추가]를 클릭합니다. 그런 다음 이름(한국어린이안전재단)을 입력한 다음 폴더(즐겨찾기 모음)를 선택하고 [완료] 단추를 클릭합니다.

12. 우리 집 주소야~ 적어 놓아.

③ 한국어린이안전재단 사이트가 즐겨찾기 모음에 추가되면 🏠[홈]을 클릭합니다.

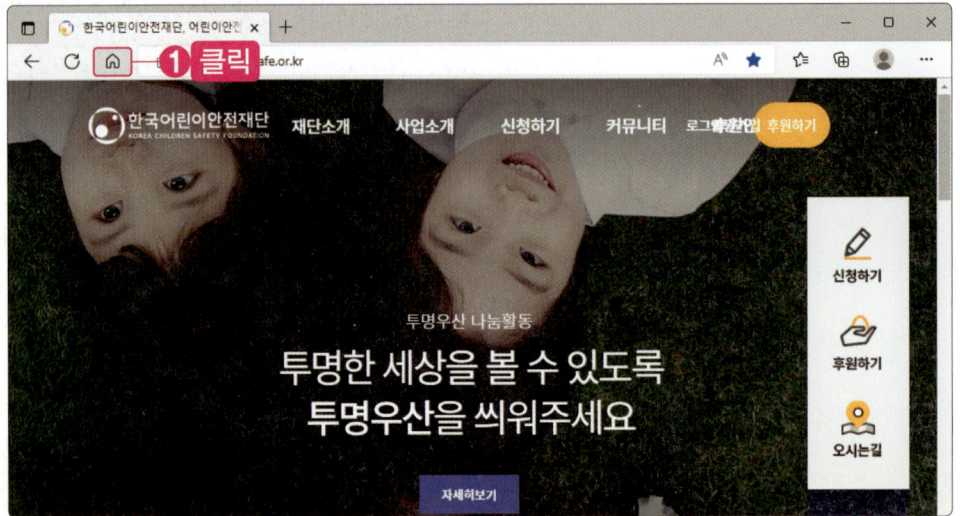

- 🏠[홈]이 표시되어 있지 않으면 …[설정 및 기타]를 클릭한 다음 [설정]을 클릭합니다. 그런 다음 [설정]이 나타나면 [시작, 홈 및 새 탭]을 선택한 다음 [홈 단추]에서 [도구 모음에 홈 버튼 표시]를 '켬(⬤)'으로 지정하여 🏠[홈]을 표시합니다.
- 한국어린이안전재단 홈 페이지가 즐겨찾기 모음에 추가되면 ☆[이 페이지를 즐겨찾기에 추가]가 ★[이 페이지에 대한 즐겨찾기 편집]으로 변경됩니다.

④ 기본 시작 페이지가 나타나면 ☆[즐겨찾기]를 클릭한 다음 [즐겨찾기 모음]-[한국어린이안전재단]을 클릭하고 ✕[즐겨찾기 닫기]를 클릭합니다.

⑤ 한국어린이안전재단 홈 페이지가 나타납니다.

즐겨찾기 모음 항상 표시하기

즐겨찾기 모음은 항상 표시할 수도 있고, 표시하지 않을 수도 있고, 새 탭에만 표시할 수도 있답니다. 그럼, 즐겨찾기 모음을 항상 표시하는 방법에 대해 알아볼까요?

1 ☆[즐겨찾기]를 클릭합니다. 그런 다음 …[기타 옵션]을 클릭한 다음 [즐겨찾기 모음 표시]-[항상]을 선택하고 ×[즐겨찾기 닫기]를 클릭합니다.

잠깐만요!

새 탭에만

[새 탭에만]을 선택하면 다음과 같이 ➕[새 탭]을 클릭하여 기본 시작 페이지가 나타난 경우에만 즐겨찾기 모음이 표시됩니다.

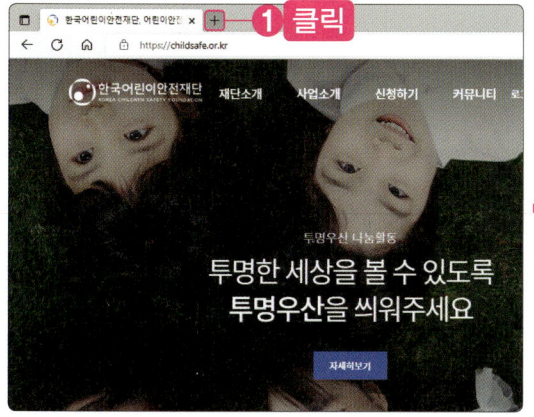
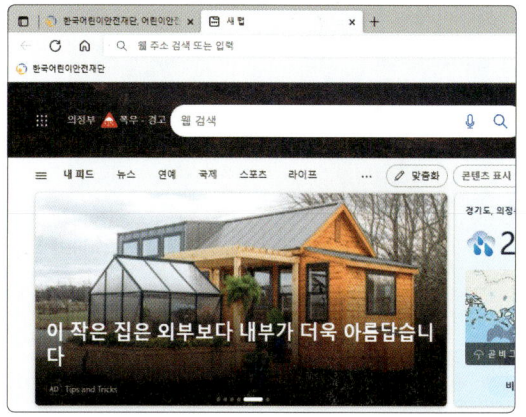

12. 우리 집 주소야~ 적어 놓아.

② 다음과 같이 즐겨찾기 모음이 항상 표시됩니다.

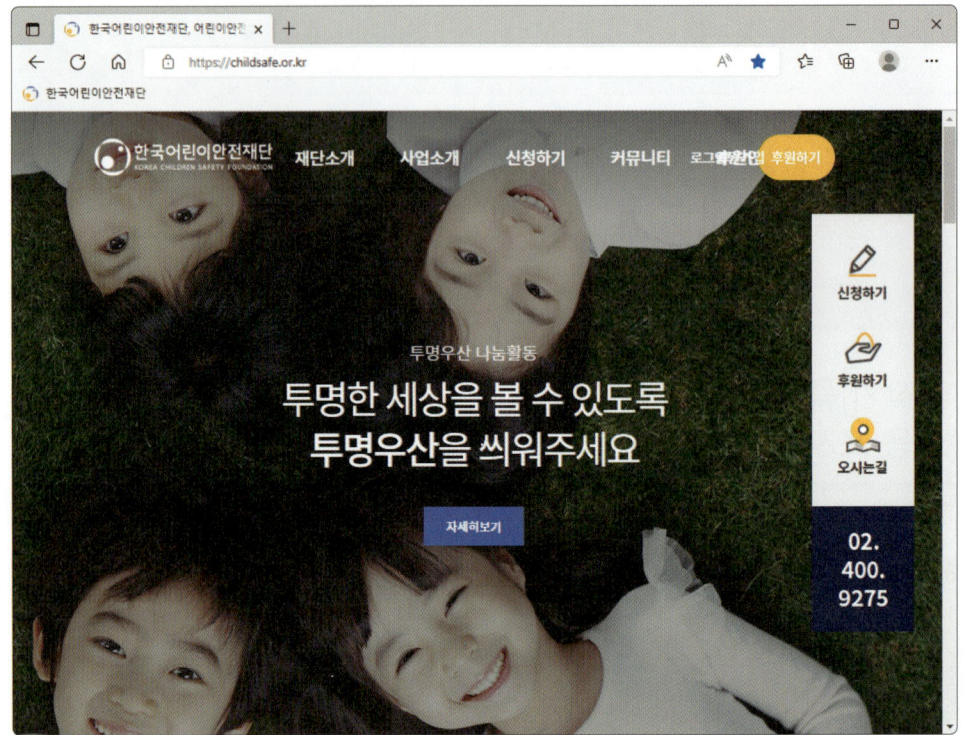

잠깐만요!

즐겨찾기 모음에 추가된 사이트 삭제하기

다음과 같이 즐겨찾기 모음에 추가된 사이트의 바로 가기 메뉴에서 [삭제]를 클릭하면 즐겨찾기 모음에 추가된 사이트를 삭제할 수 있습니다.

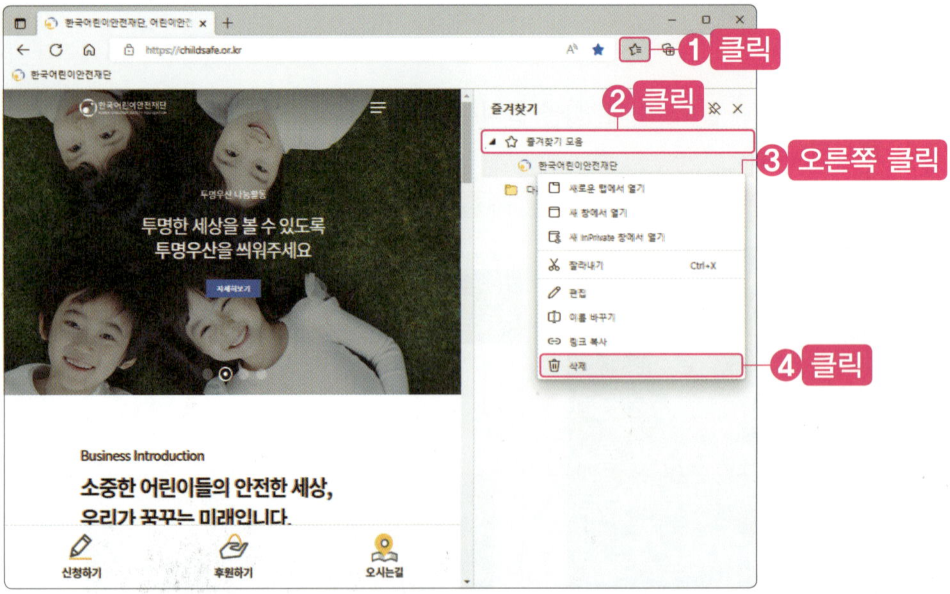

마무리 학습

1 다음 중 자주 접속하는 사이트는 외우거나 적어 놓을 필요 없이 어디에 추가해 두면 언제든지 바로 접속할 수 있는지 골라 보세요.

① 자주찾기 모음　　② 즐겨찾기 모음
③ 추가찾기 모음　　④ 바로찾기 모음

2 다음과 같이 즐겨찾기 모음에 어린이동아 사이트(kids.donga.com)를 추가해 보세요.

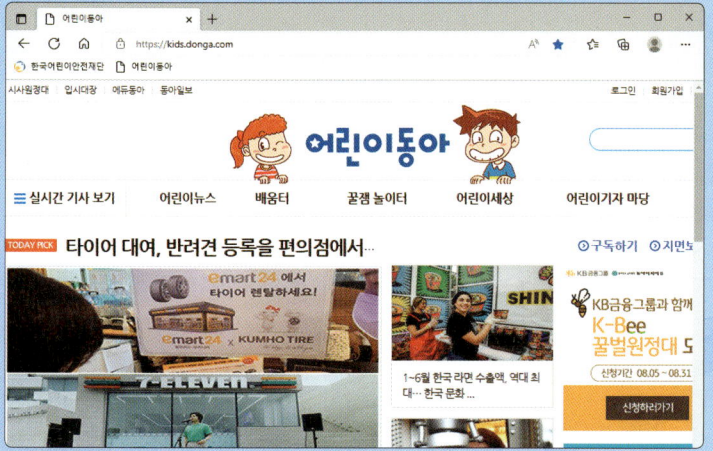

다음과 같이 즐겨찾기 모음에 추가된 한국어린이안전재단 사이트와 어린이동아 사이트를 삭제한 다음 즐겨찾기 모음을 표시하지 않아 보세요.

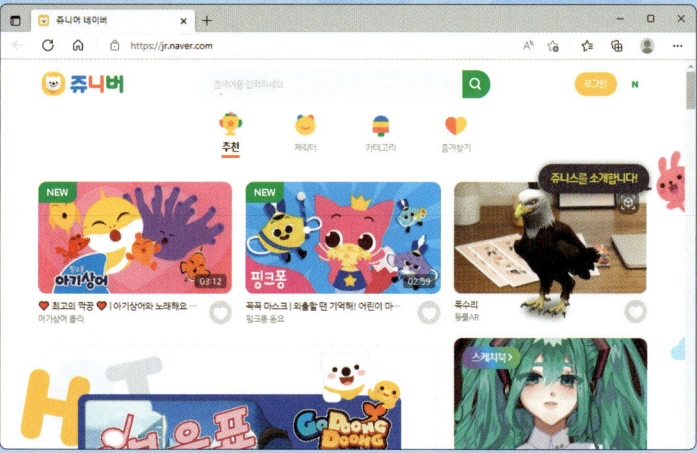

13

아기 상어~ 뚜 루 루 뚜루~

- 인터넷에서 동요를 듣는 방법에 대해 알아봅니다.
- 인터넷에서 동화를 보는 방법에 대해 알아봅니다.

여러분~ 안녕! 저 노래는 '상어가족'이라는 동요인데요. 인터넷에는 수많은 동요와 동화가 있답니다. 그럼, 인터넷에서 동요를 듣는 방법과 동화를 보는 방법에 대해 알아볼까요?

인터넷에서 동요 듣기

여러분은 듣고 싶은 동요가 있나요? 인터넷에는 수많은 동요가 있고 쉽고 빠르게 찾을 수 있어서 동요를 언제든지 편리하게 들을 수 있답니다. 그럼, 인터넷에서 동요를 듣는 방법에 대해 알아볼까요?

1 엣지를 실행한 다음 쥬니어네이버 사이트(jr.naver.com)에 접속합니다.

2 쥬니어네이버 홈 페이지가 나타나면 [카테고리]를 클릭한 다음 [동요]-[인기동요]를 클릭합니다.

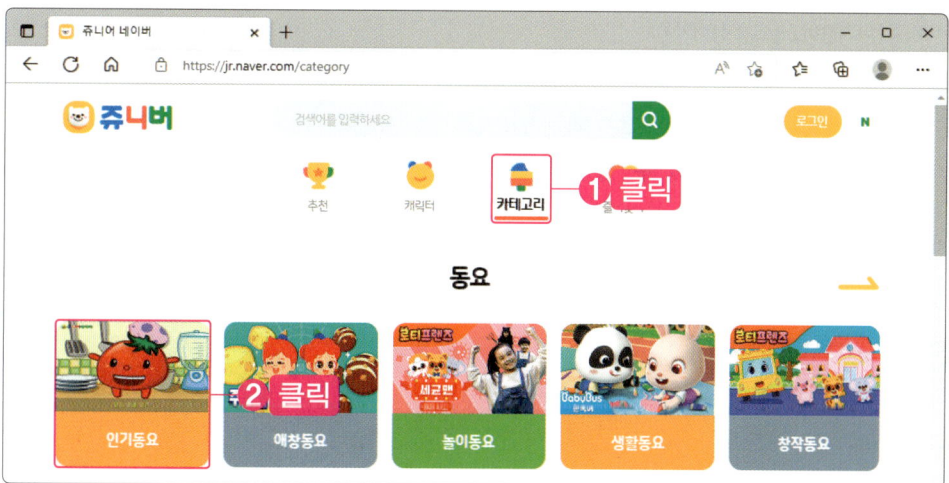

3 인기동요 페이지가 나타나면 [상어가족]을 클릭합니다.

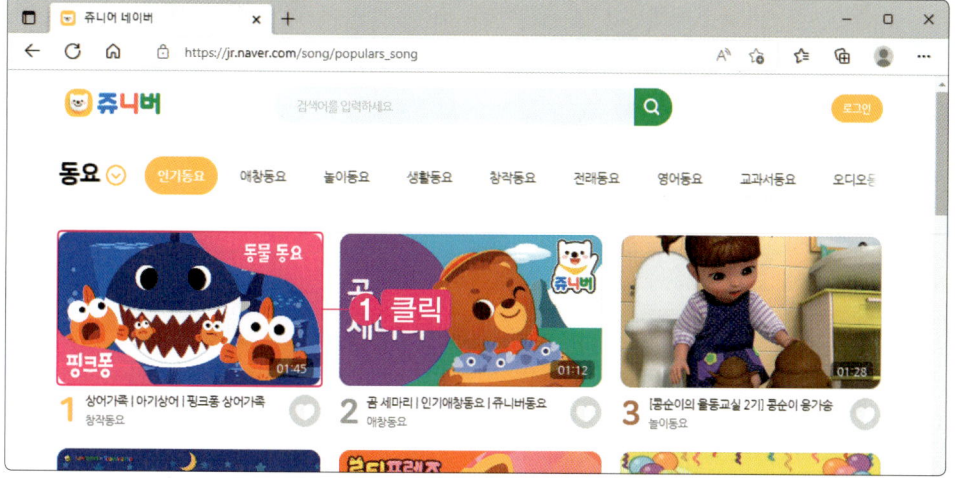

13. 아기 상어~ 뚜 루루 뚜루~

④ 동요가 시작되면 동요를 듣습니다.

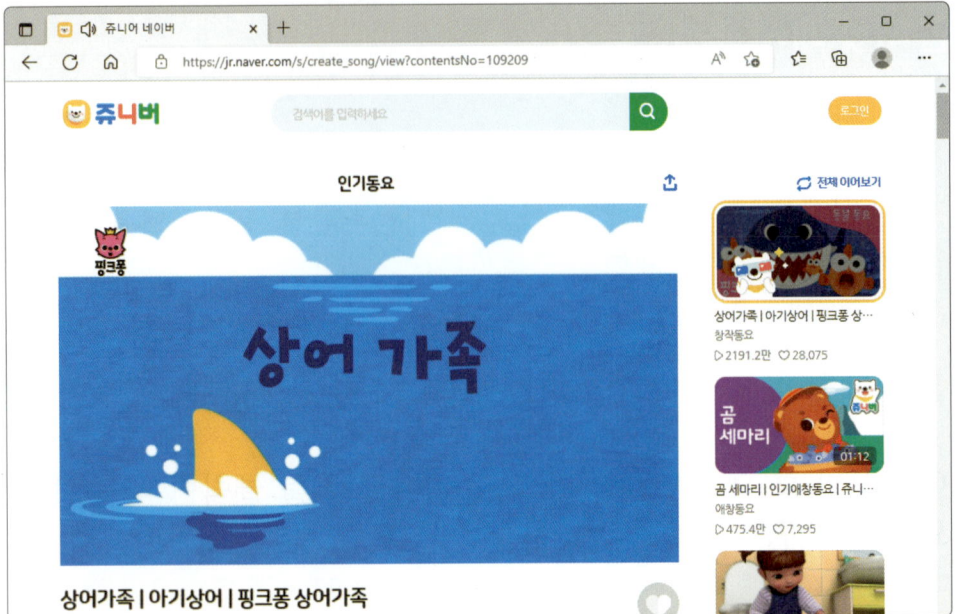

 [검색어를 입력하세요]에 '핑크퐁 상어가족'을 입력한 다음 🔍을 클릭하면 '상어가족' 동요를 쉽고 빠르게 찾을 수 있습니다.

⑤ 동요가 끝나면 [쥬니버]를 클릭합니다.

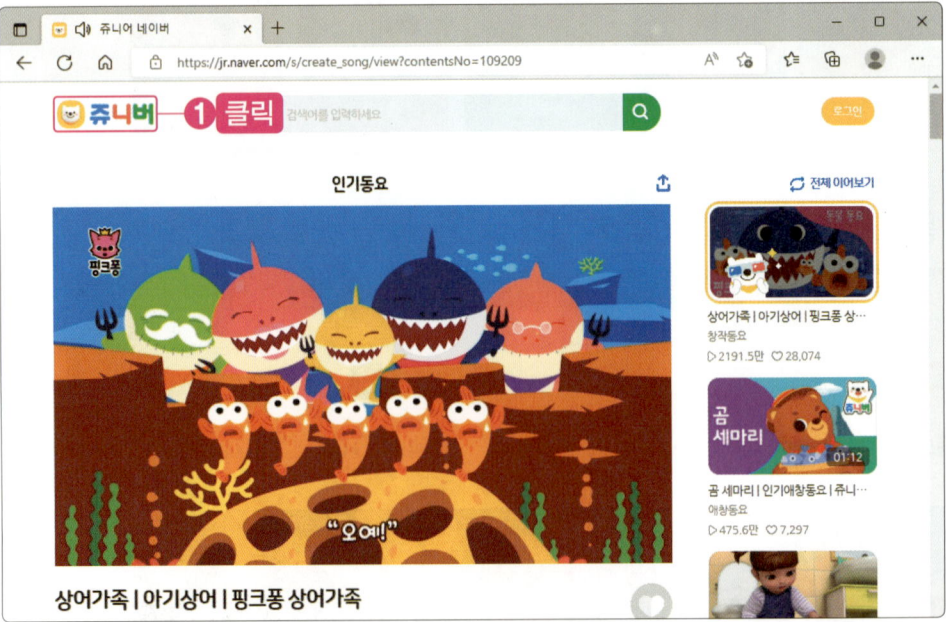

⑥ 쥬니어네이버 홈 페이지가 다시 나타납니다.

70

인터넷에서 동화 보기

여러분은 보고 싶은 동화가 있나요? 인터넷에는 수많은 동화가 있고 쉽고 빠르게 찾을 수 있어서 동화를 언제든지 편리하게 볼 수 있답니다. 그럼, 인터넷에서 동화를 보는 방법에 대해 알아볼까요?

① 쥬니어네이버 홈 페이지에서 [카테고리]를 클릭한 다음 [동화]-[전래동화]를 클릭합니다.

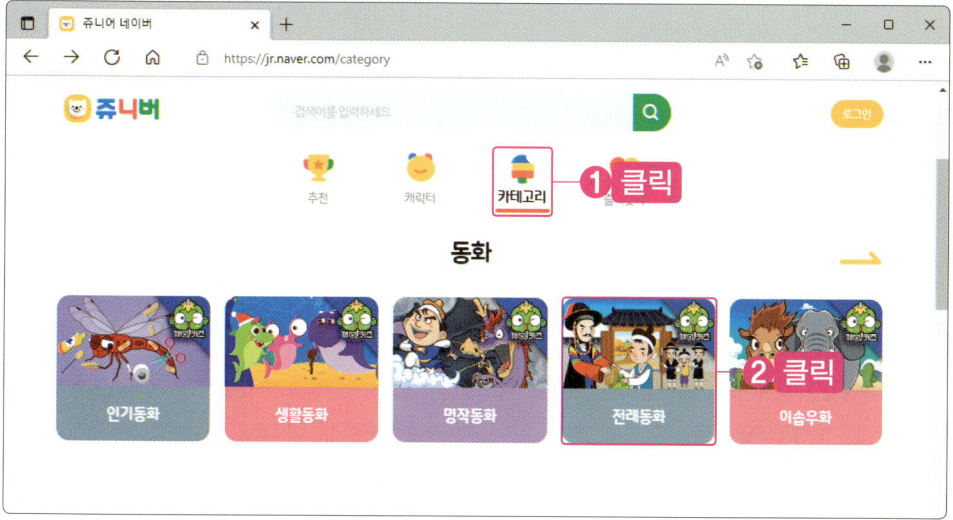

② 전래동화 페이지가 나타나면 [원님의 재판]을 클릭합니다.

13. 아기 상어~ 뚜 루루 뚜루~

❸ 동화가 시작되면 동화를 봅니다.

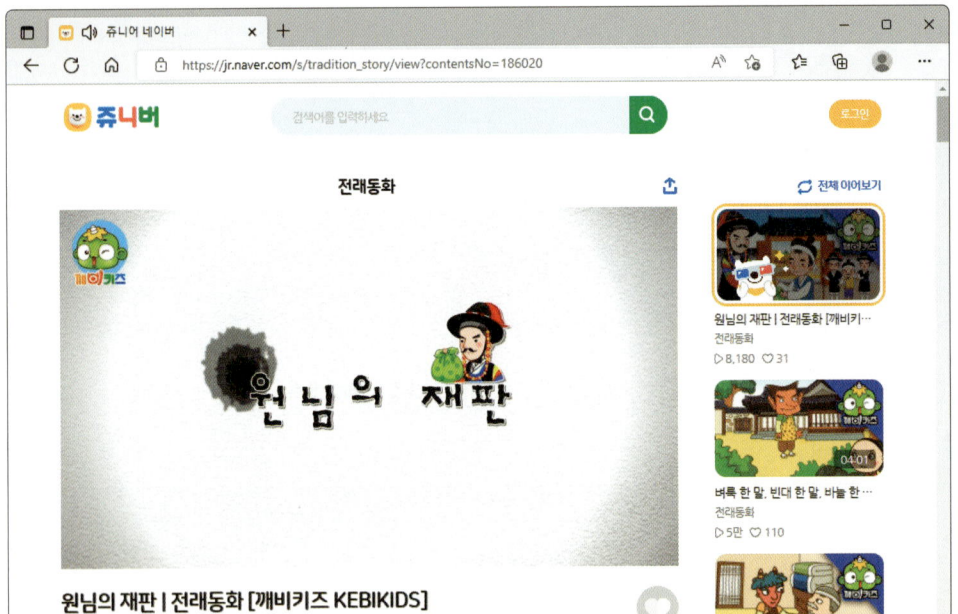

 [검색어를 입력하세요]에 '원님의 재판'을 입력한 다음 🔍을 클릭하면 '원님의 재판' 동화를 쉽고 빠르게 찾을 수 있습니다.

❹ 동화가 끝나면 [쥬니버]를 클릭합니다.

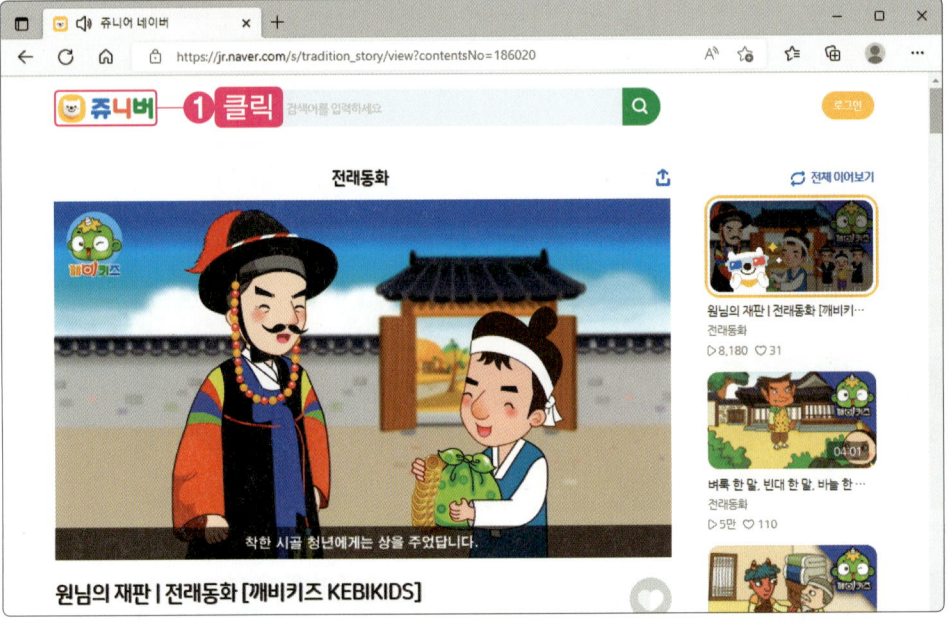

❺ 쥬니어네이버 홈 페이지가 다시 나타납니다.

마무리 학습

1 다음과 같이 쥬니어네이버 사이트(jr.naver.com)에서 '이박저박' 동요를 들어 보세요.

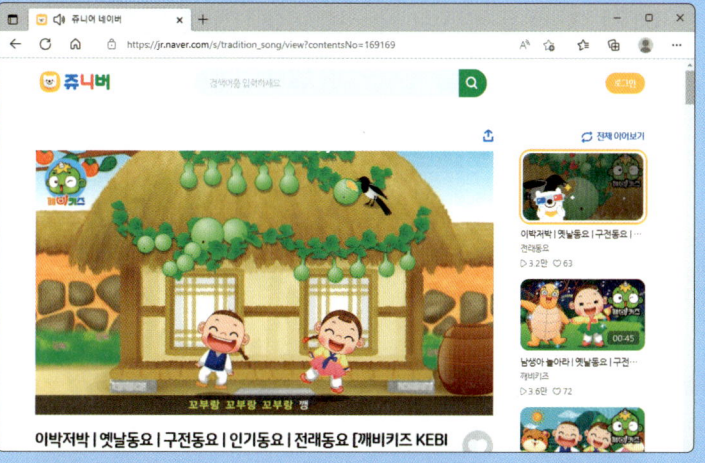

2 다음과 같이 쥬니어네이버 사이트(jr.naver.com)에서 '도깨비 친구' 동화를 봐 보세요.

쥬니어네이버 사이트(jr.naver.com)에서 동화를 본 다음 자신이 본 동화를 적어 보세요.

(예) 토끼의 간, 젊어지는 샘물

14. 애견 친구들을 만나요.

월   일

- 애견 친구들을 만나는 방법에 대해 알아봅니다.
- 사파리 이야기를 듣는 방법에 대해 알아봅니다.

배울내용 맛보기

여러분~ 안녕! 달마시안은 검은색이나 갈색의 독특한 반점이 많이 있는 애견 친구인데요. 영국에서 마차를 호위하는데 이용되면서 널리 알려지게 되었답니다. 그럼, 애견 친구들을 만나는 방법과 사파리 이야기를 듣는 방법에 대해 알아볼까요?

애견 친구들 만나기

달마시안, 불독, 비글, 몰티즈 등은 애견 친구들인데요. 애견 친구들 중에는 코를 많이 고는 애견 친구도 있고 작지만 목소리가 커서 요란하게 짖는 애견 친구도 있고 응석을 잘 부리는 애견 친구도 있답니다. 그럼, 애견 친구들을 만나는 방법에 대해 알아볼까요?

1 엣지를 실행한 다음 쥬니어네이버 사이트(jr.naver.com)에 접속합니다.

2 쥬니어네이버 홈 페이지가 나타나면 [카테고리]를 클릭한 다음 [사파리]를 클릭합니다.

3 사파리 페이지가 나타나면 [포유류마을]을 클릭합니다.

4 포유류마을 페이지가 나타나면 [애견친구들]을 클릭합니다.

14. 애견 친구들을 만나요.

5 애견 친구들이 나타나면 [달마시안]을 클릭합니다.

6 동영상이 시작되면 동영상을 봅니다.

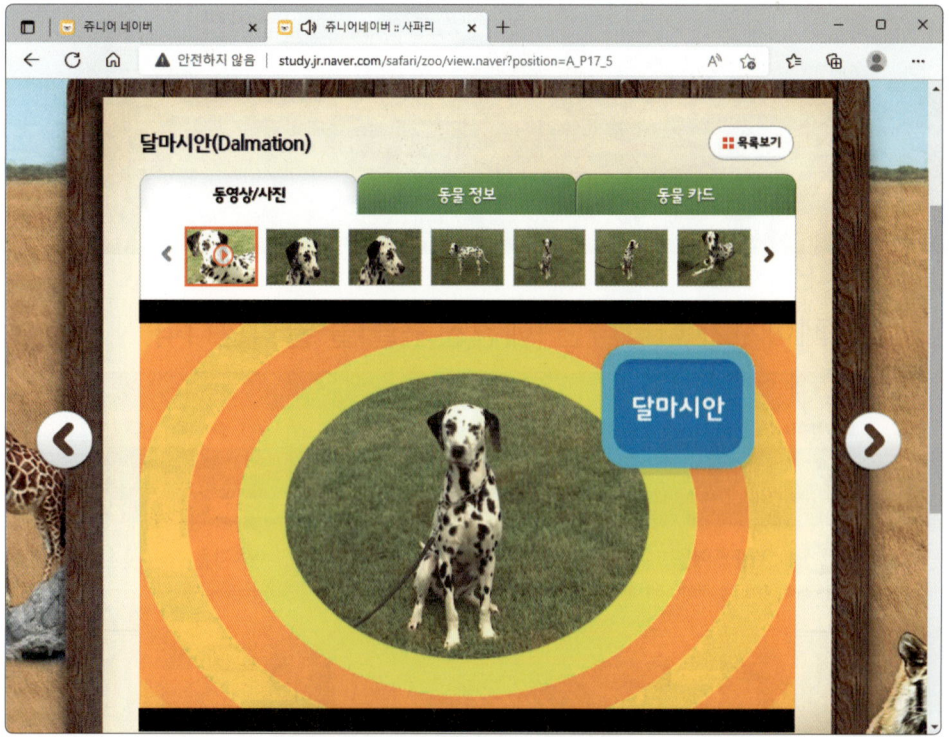

7 동영상이 끝나면 [목록보기]를 클릭합니다.

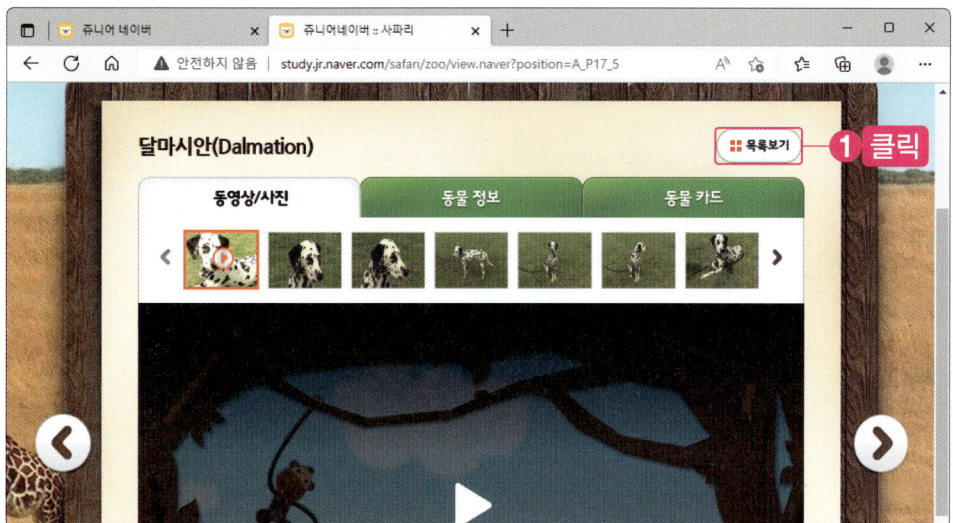

[동물 정보] 탭을 클릭하면 동물의 분류, 생김새, 특징 등을 확인할 수 있고, [동물 카드] 탭을 클릭하면 동물의 사진과 이름이 있는 동물 카드를 인쇄할 수 있습니다.

8 애견 친구들이 다시 나타나면 같은 방법으로 다른 애견 친구들을 만난 다음 [SAFARI]를 클릭합니다.

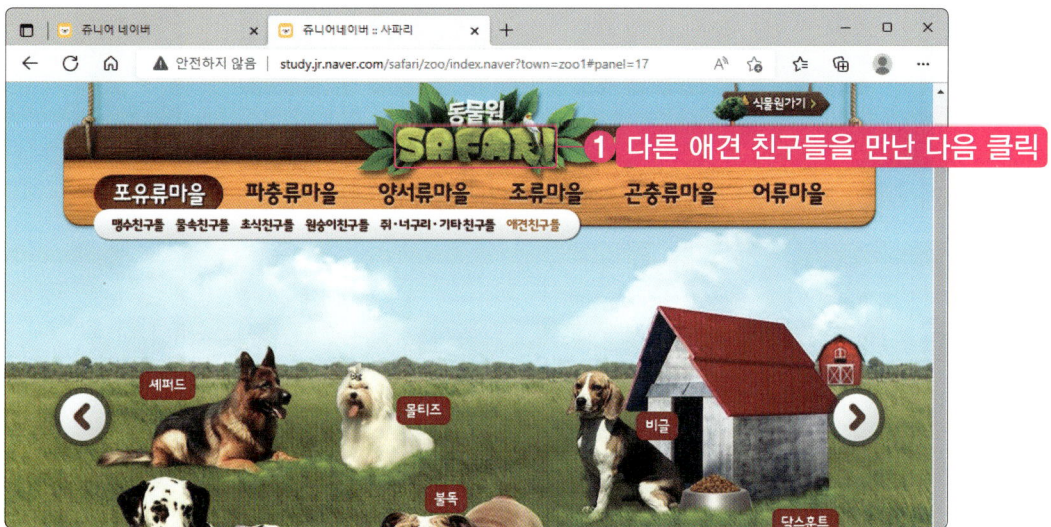

▶[다음]을 클릭하면 더 많은 애견 친구들을 만날 수 있습니다.

9 사파리 페이지가 다시 나타납니다.

14. 애견 친구들을 만나요.

사파리 이야기 듣기

사파리 이야기에는 '내 뿔이 제일 멋져요', '곤충을 먹는 식물이 있다고요?', '나무늘보는 왜 잠만 잘까요?' 등의 신비하고 재미있는 이야기가 많이 있답니다. 그럼, 사파리 이야기를 듣는 방법에 대해 알아볼까요?

① 사파리 페이지에서 [사파리 이야기]를 클릭합니다.

② 사파리 이야기 페이지가 나타나면 [내 뿔이 제일 멋져요]를 클릭합니다.

③ 사파리 이야기가 시작되면 사파리 이야기를 듣습니다.

④ 사파리 이야기가 끝나면 [목록보기]를 클릭합니다.

5. 사파리 이야기 페이지가 다시 나타나면 같은 방법으로 다른 사파리 이야기를 들은 다음 [쥬니어네이버]를 클릭합니다.

6. 쥬니어네이버 홈 페이지가 다시 나타납니다.

마무리 학습

1. 다음은 애견 친구들과 특징입니다. 애견 친구들과 특징을 알맞게 연결해 보세요.

시츄 ● ● 애니메이션 영화인 스누피의 모델이 된 애견 친구입니다.
비글 ● ● 처음에는 양떼를 돌보는 목양견으로 이용된 애견 친구입니다.
셰퍼드 ● ● 최초에는 '황소 잡는 개'로 이름을 얻은 애견 친구입니다.
불독 ● ● 명나라 황제에게 사랑을 받았던 애견 친구입니다.

2. 다음과 같이 쥬니어네이버 사이트(jr.naver.com)에서 '곤충을 먹는 식물이 있다고요?' 사파리 이야기를 들어 보세요.

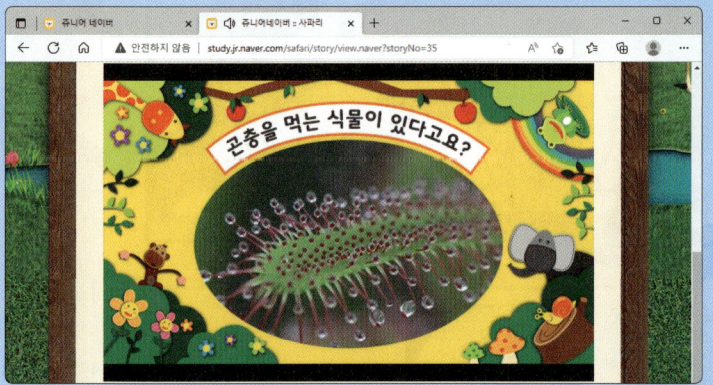

쥬니어네이버 사이트(jr.naver.com)에서 사파리 이야기를 들은 다음 자신이 들은 사파리 이야기를 적어 보세요.

(예) 집을 가지고 다녀요, 코끼리는 코가 손이래요

월 일

15. 옛날에도 냉장고가 있었나요?

◉ 옛날에도 냉장고가 있었는지 알아봅니다.
◉ 말타기 놀이에 대해 알아봅니다.

배울내용 맛보기

이곳은 어디야? 무엇을 보관해 두는 것 같은데~

여름에 꺼내 먹으려고 얼음을 보관해 두는 거야~

보물을 숨겨 두는 것 같은데~

여러분~ 안녕! 지금은 냉장고가 있어서 여름에 얼음을 먹을 수 있는데요. 옛날에도 여름에 얼음을 먹을 수 있었답니다. 그럼, 옛날에도 냉장고가 있었는지 알아본 다음 말타기 놀이에 대해 알아볼까요?

80

옛날에도 냉장고가 있었는지 알아보기

옛날에는 겨울에 얼음을 보관해 두었다가 여름에 꺼내 먹었는데요. 얼음을 보관해 두었던 곳을 '빙고'라고 한답니다. 그럼, 옛날에도 냉장고가 있었는지 알아볼까요?

1. 엣지를 실행한 다음 국립어린이민속박물관 사이트(www.nfm.go.kr/kids)에 접속합니다.

2. 국립어린이민속박물관 홈 페이지가 나타나면 [자료마당]을 클릭한 다음 [우리 문화 알기]를 클릭합니다.

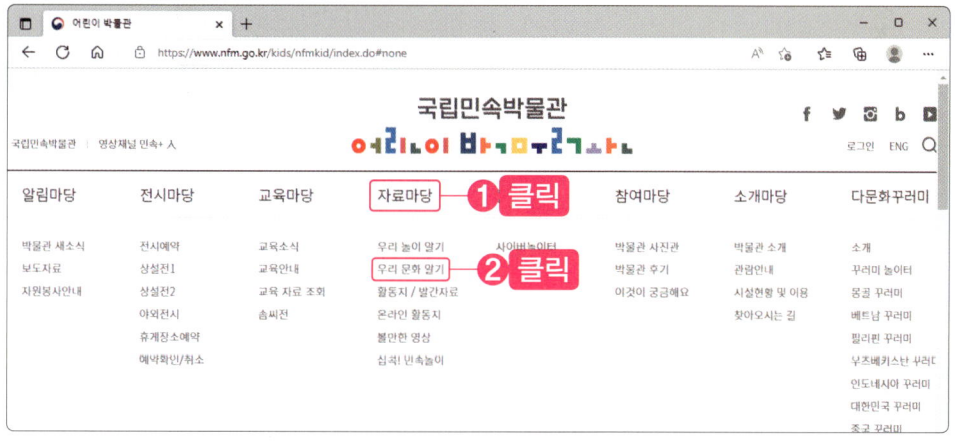

3. 우리 문화 알기 페이지가 나타나면 [옛날에도 냉장고가 있었나요?]를 클릭합니다.

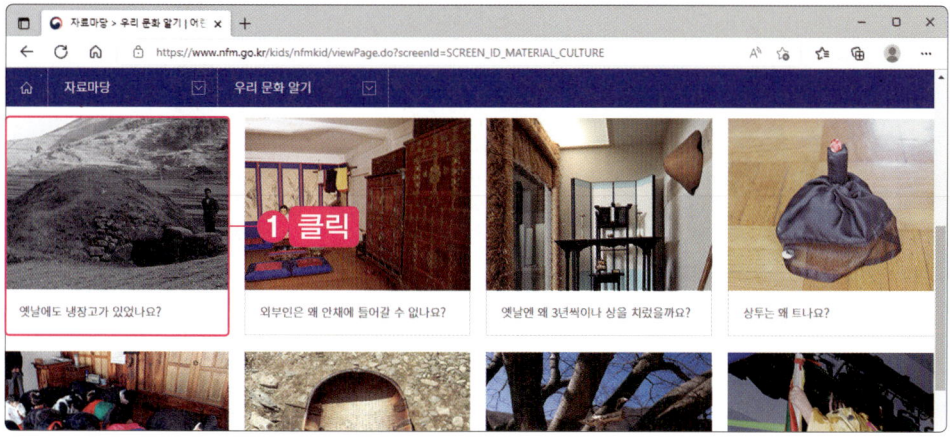

15. 옛날에도 냉장고가 있었나요?

4 '옛날에도 냉장고가 있었나요?' 화면이 나타나면 설명을 듣습니다.

▶을 클릭하면 설명을 들을 수 있습니다.

5 '옛날에도 냉장고가 있었나요?'에 대한 설명이 끝나면 문제를 풀어본 다음 [취소하기]를 클릭합니다.

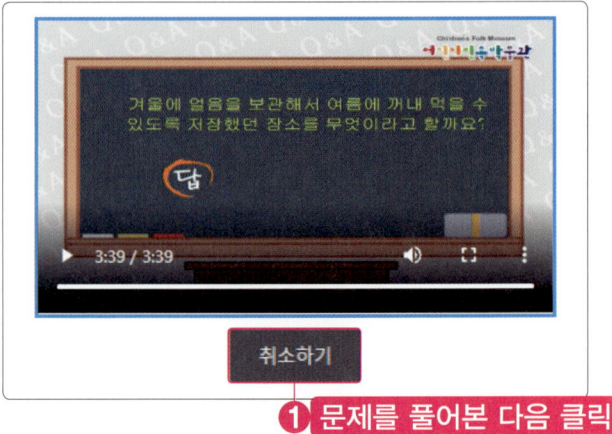

❶ 문제를 풀어본 다음 클릭

6 우리 문화 알기 페이지가 다시 나타나면 [국립민속박물관 어린이박물관]을 클릭합니다.

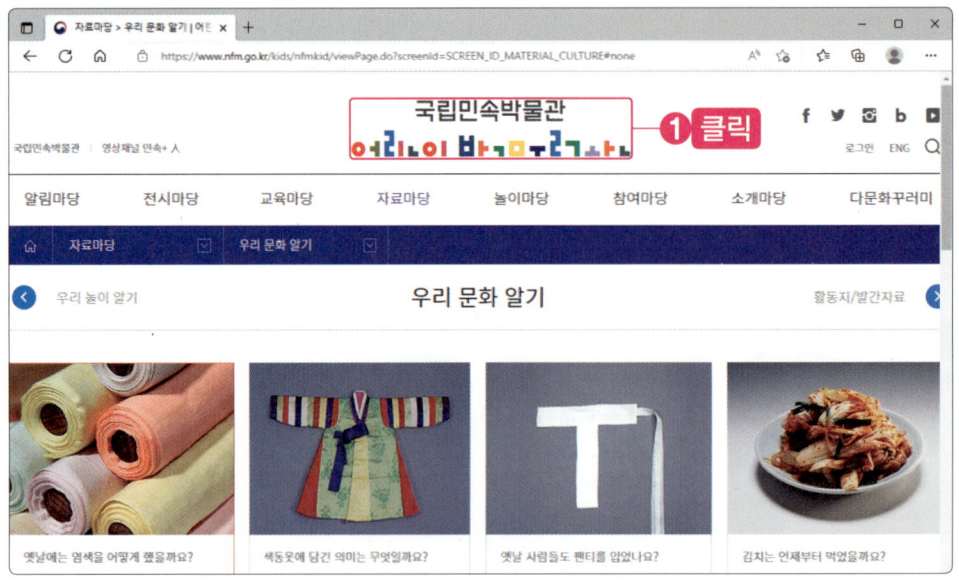

7 국립어린이민속박물관 홈 페이지가 다시 나타납니다.

말타기 놀이 알아보기

옛날에는 말이 최상의 교통수단이었지만 서민층의 아이들에게는 말을 탈 기회가 거의 주어지지 않았는데요. 그래서 이런 욕구가 놀이로 구현되어 만들어진 것이 말타기 놀이라 할 수 있답니다. 그럼, 말타기 놀이에 대해 알아볼까요?

① 국립어린이민속박물관 홈 페이지에서 [자료마당]을 클릭한 다음 [우리 놀이 알기]를 클릭합니다.

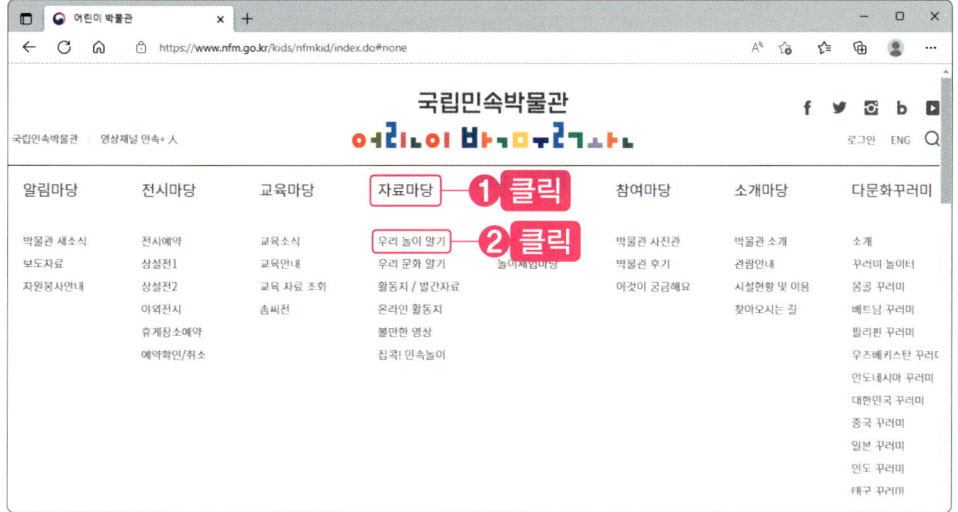

② 우리 놀이 알기 페이지가 나타나면 [말타기 놀이]를 클릭합니다.

15. 옛날에도 냉장고가 있었나요?

❸ 말타기 놀이 페이지가 나타나면 내용을 읽어본 다음 [국립민속박물관 어린이박물관]을 클릭합니다.

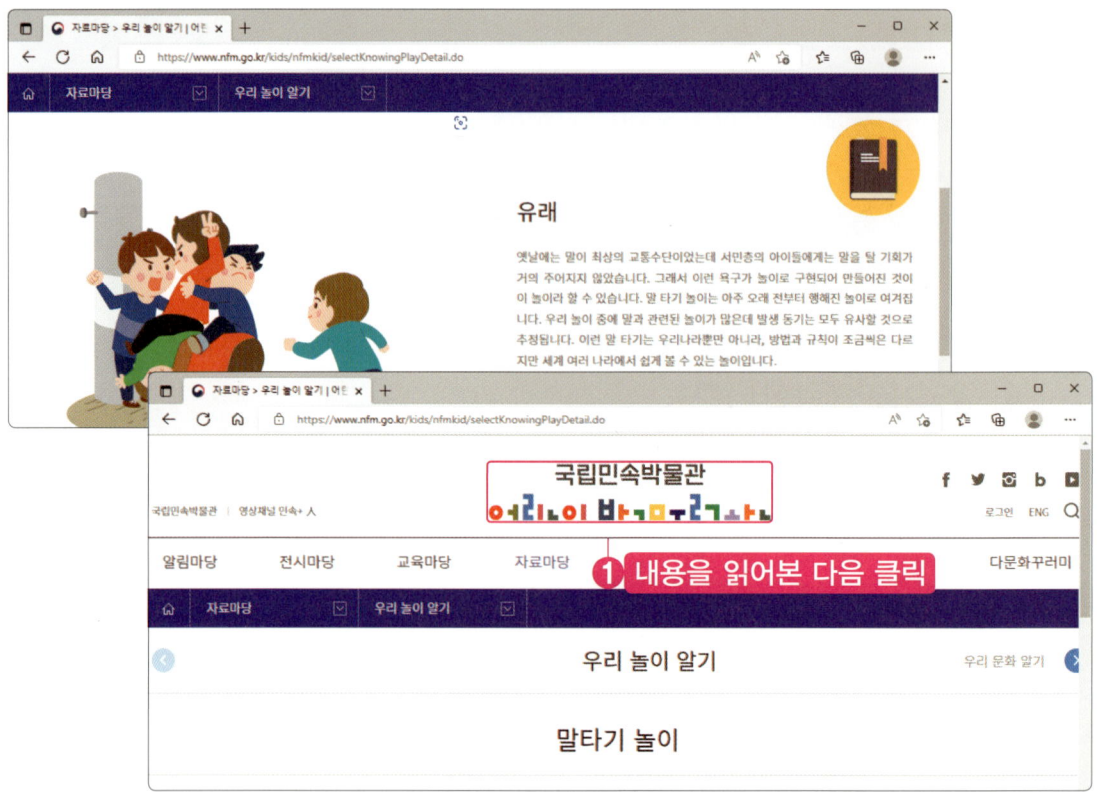

❹ 국립어린이민속박물관 홈 페이지가 다시 나타납니다.

잠깐만요!

놀이체험마당

국립어린이민속박물관 홈 페이지에서 [놀이마당]을 클릭한 다음 [놀이체험마당]을 클릭하면 다음과 같이 물건 알아 맞히기, 지도퍼즐 맞추기, 다른그림찾기 등의 게임을 할 수 있습니다.

◀ 물건 알아 맞히기

마무리 학습

1 다음 놀이 방법을 읽고 어떤 놀이의 방법인지 골라 보세요.

> 1. 모래판이나 평평한 곳에서 두 사람이 서로 마주 보고 섭니다.
> 2. 한쪽 발꿈치나 바지자락을 움켜쥐고 다른 한 발로 서서 몸을 지탱합니다.
> 3. 시작 소리와 함께 한발로 뛰어다니며 상대방을 공격합니다.
> 4. 무릎이나 몸통으로 상대방을 밀어서 쓰러뜨리거나, 상대방의 무릎을 아래에서 위로 들어 올리거나, 위에서 밑으로 강하게 눌러서 쓰러뜨립니다.
> 5. 손이 잡고 있던 발을 놓치거나, 들고 있던 발이 땅에 닿거나, 넘어지면 놀이에서 지게 됩니다.
> 6. 끝까지 살아남은 사람이 놀이에서 이기게 됩니다.

① 윷놀이　　② 장치기　　③ 자치기　　④ 닭싸움

2 다음과 같이 국립어린이민속박물관 사이트(www.nfm.go.kr/kids)에서 '오줌싸개에게 키를 왜 씌우나요?'에 대한 설명을 들어 보세요.

 국립어린이민속박물관 사이트(www.nfm.go.kr/kids)에서 지도퍼즐 맞추기 게임을 해 보세요.

16 쏘피와 인터넷 여행하기

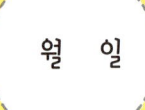
월   일

인터넷 여행을 다녀 온 쏘피가 몸속 여행을 가려고 해요. 쏘피가 몸속 여행을 가려면 몸속에 대한 지식이 있어야 하는데요. 쏘피가 무사히 몸속 여행을 다녀 올 수 있도록 여러분이 도와주세요.

1. 쏘피가 몸속 여행을 가기 위해 입안으로 들어가려고 해요. 그런데 입안으로 들어가려는 순간 으~~~ 이가 썩고 있어서 냄새가 나네요. 쏘피가 입안으로 들어가려면 이를 잘 닦아야 한답니다. 여러분이 쥬니어네이버 사이트(jr.naver.com)에서 '이닦기'를 검색하여 쏘피가 입안으로 들어갈 수 있도록 도와주세요.

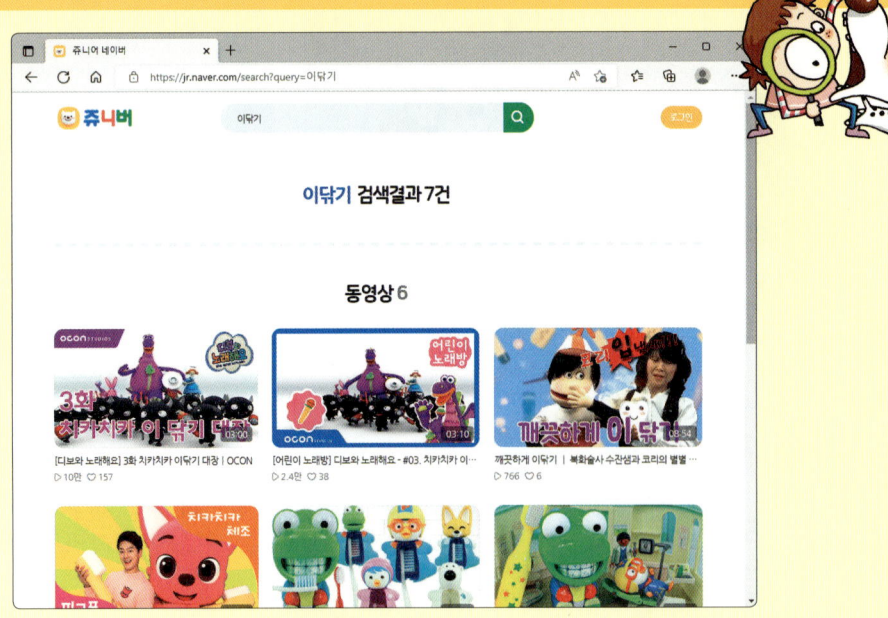

2. 입안으로 들어 온 쏘피가 위에 가려고 해요. 그런데 아직 음식물이 소화가 안 되어서 갈 수가 없네요. 쏘피가 위에 가려면 소화가 잘되게 '소화송' 동요를 들려주어야 한답니다. 여러분이 네이버 사이트(www.naver.com)에서 '소화송' 동요를 검색하여 쏘피가 위에 갈 수 있도록 도와주세요.

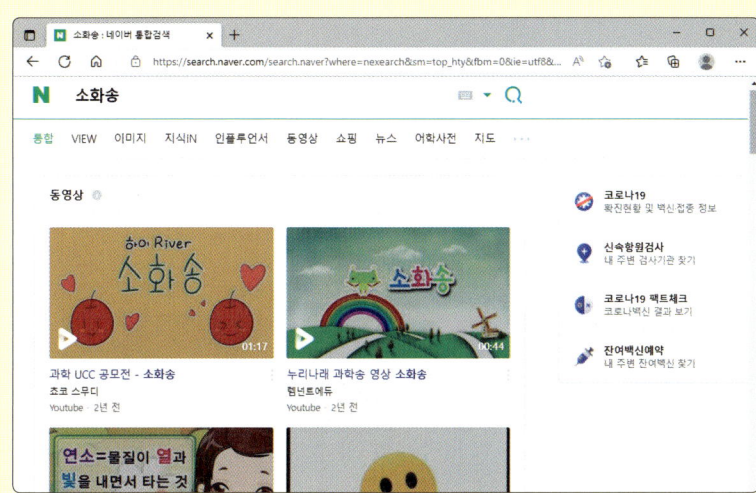

3. 위를 구경한 쏘피가 심장에 도착했어요. 심장에서는 혈액을 타고 몸속 구석구석을 구경할 수 있는데 혈액을 타려면 게임을 해야 한답니다. 여러분이 국립어린이민속박물관 사이트(www.nfm.go.kr/kids)에서 다른그림찾기 게임을 하여 쏘피가 혈액을 타고 몸속 구석구석을 구경할 수 있도록 도와주세요.

4. 드디어 쏘피가 몸속 여행을 다녀왔어요. 쏘피는 그 동안 있었던 일을 정리하여 친구에게 보여주려고 하는데요. 폐에서 있었던 일이 생각나지 않는답니다. 여러분이 쥬니어네이버 사이트(jr.naver.com)에서 '폐'를 검색하여 쏘피가 폐에서 있었던 일을 생각할 수 있도록 도와주세요.

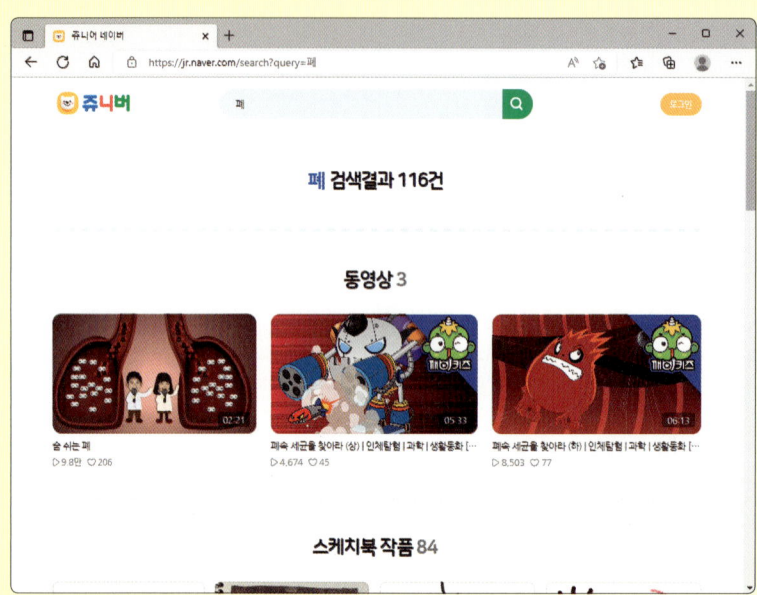

PART 03

어스와 컴퓨터 능숙하게 다루기

17. 시작 메뉴에 모두 모여 있네.
18. 과일이 바구니에 담겨 있네.
19. 참치 김밥 만들어 줄게~
20. 꼭꼭 숨어라~ 작업 표시줄 보인다.
21. 삐뽀~ 삐뽀~ 빨리빨리~
22. 컴퓨터야, 바탕화면 꾸며 줄게~
23. 컴퓨터야, 화면 보호해야지.
24. 종합활동

17. 시작 메뉴에 모두 모여 있네.

월 일

- 시작 메뉴의 크기를 조정하는 방법에 대해 알아봅니다.
- 시작 화면에 프로그램을 고정하는 방법에 대해 알아봅니다.

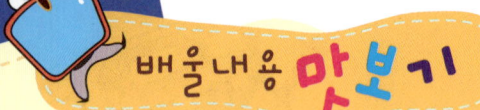

여러분~ 안녕! ⊞[시작] 단추를 클릭하면 나타나는 메뉴를 '시작 메뉴'라고 하는데요. 시작 메뉴는 전원, 앱 뷰, 시작 화면 등으로 구성되어 있답니다. 그럼, 시작 메뉴의 크기를 조정하는 방법과 시작 화면에 프로그램을 고정하는 방법에 대해 알아볼까요?

시작 메뉴의 크기 조정하기

시작 메뉴의 크기는 고정되어 있지 않고 여러분이 보기 편하게 조정할 수 있는데요. 시작 메뉴의 크기를 조정하는 방법도 아주 쉽답니다. 그럼, 시작 메뉴의 크기를 조정하는 방법에 대해 알아볼까요?

1 [시작] 단추를 클릭하고 다음과 같이 시작 메뉴의 위쪽 가장자리를 드래그합니다.

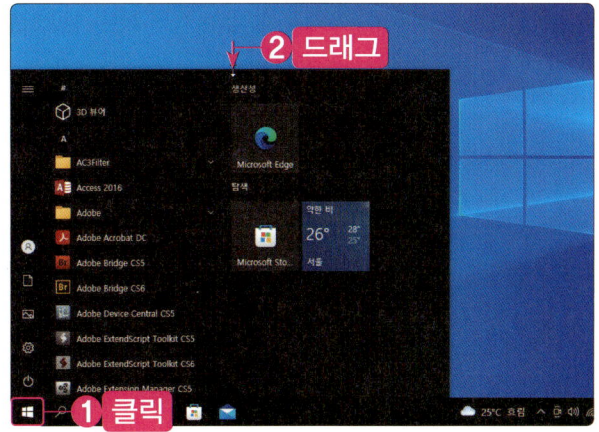

2 시작 메뉴의 크기가 조정됩니다.

잠깐만요!

시작 메뉴의 구성

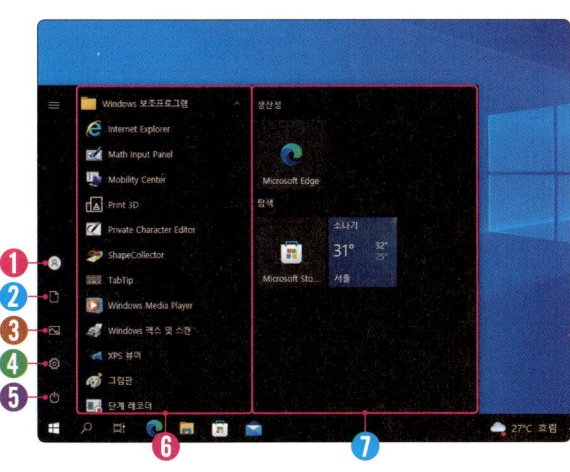

① 계정 : 사용자 정보를 변경하거나 컴퓨터를 잠그는 등의 작업을 할 수 있습니다.
② 문서 : 문서 폴더를 엽니다.
③ 사진 : 사진 폴더를 엽니다.
④ 설정 : 프린터를 추가하거나 프로그램을 제거하는 등의 작업을 할 수 있습니다.
⑤ 전원 : 컴퓨터를 종료하거나 다시 시작하는 등의 작업을 할 수 있습니다.
⑥ 앱 뷰 : 컴퓨터에 설치된 모든 프로그램이 목록으로 표시되는 곳입니다. 윈도우 10에서는 프로그램을 '앱'이라고도 합니다.
⑦ 시작 화면 : 컴퓨터에 설치된 프로그램이 타일로 표시되는 곳입니다.

17. 시작 메뉴에 모두 모여 있네.

시작 화면에 프로그램 고정하기

시작 화면에 프로그램을 고정하면 앱 뷰에서 프로그램을 찾지 않고 바로 실행할 수 있는데요. 시작 화면에 고정된 프로그램은 클릭하여 실행한답니다. 그럼, 시작 화면에 프로그램을 고정하는 방법에 대해 알아볼까요?

1 ⊞[시작] 단추를 클릭한 다음 앱 뷰에서 [Windows 보조프로그램]을 클릭하고 [그림판]의 바로 가기 메뉴에서 [시작 화면에 고정]을 클릭합니다.

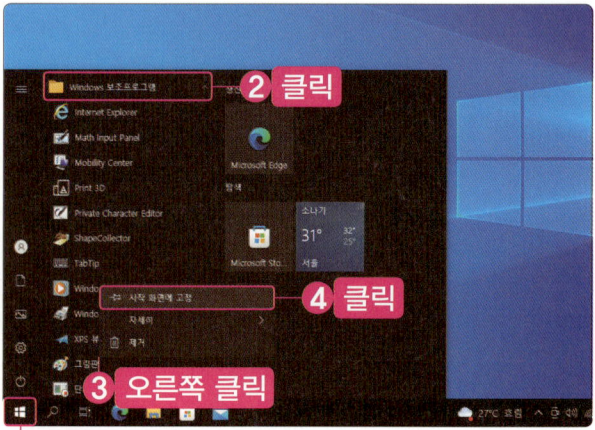

프로그램을 시작 화면으로 드래그하여 시작 화면에 프로그램을 고정할 수도 있습니다.

2 시작 화면에 그림판이 고정됩니다.

잠깐만요!

시작 화면에서 프로그램 타일 제거하기

다음과 같이 프로그램 타일(여기서는 그림판 타일)의 바로 가기 메뉴에서 [시작 화면에서 제거]를 클릭하면 시작 화면에서 프로그램 타일(여기서는 그림판 타일)을 제거할 수 있습니다.

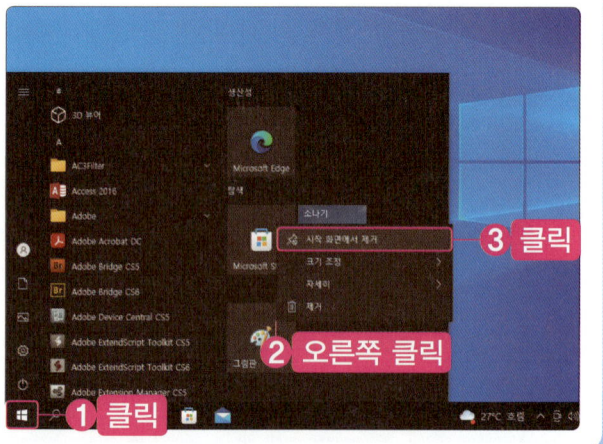

마무리 학습

1 다음 내용을 읽고 □ 안에 들어갈 말은 무엇인지 적어 보세요.

> [시작] 단추를 클릭하면 나타나는 메뉴를 '□□ □□'(이)라고 합니다.

2 다음과 같이 시작 화면에 메모장을 고정해 보세요.

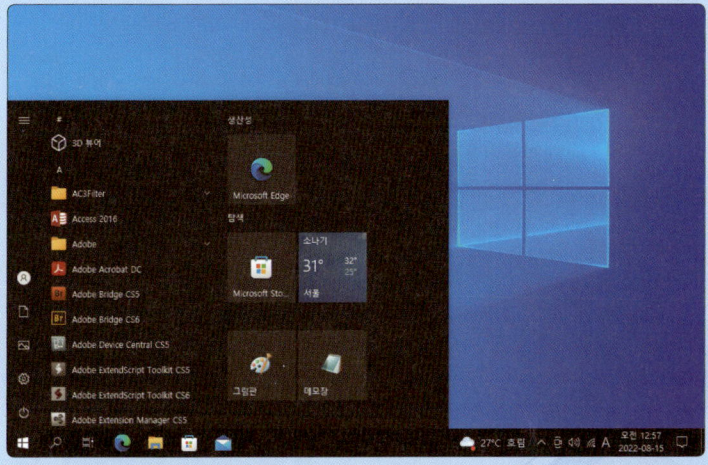

다음과 같이 시작 화면에서 그림판 타일과 메모장 타일을 제거해 보세요.

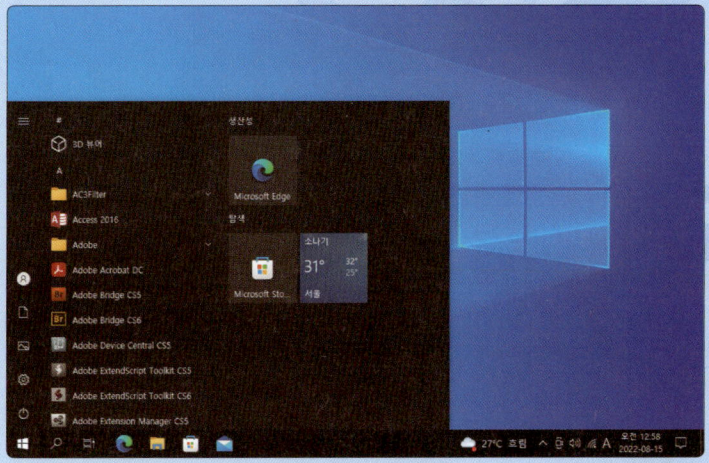

18. 과일이 바구니에 담겨 있네.

월 일

- 파일과 폴더에 대해 알아봅니다.
- 파일과 폴더를 확인하는 방법에 대해 알아봅니다.

여러분~ 안녕! 장난감을 정리해 놓지 않으면 찾기가 어려운데요. 마찬가지로 컴퓨터에서도 문서나 그림 등을 정리해 놓지 않으면 찾기가 어렵답니다. 그럼, 파일과 폴더에 대해 알아본 다음 파일과 폴더를 확인하는 방법에 대해 알아볼까요?

파일과 폴더 알아보기

여러분은 장난감을 바구니 같은 것에 정리할 텐데요. 여기서 장난감은 '파일'이라고 할 수 있고, 바구니 같은 것은 '폴더'라고 할 수 있답니다. 그럼, 파일과 폴더에 대해 알아볼까요?

문서를 작성하거나 그림을 그리는 등 컴퓨터로 작업한 내용은 저장할 수 있는데요. 저장된 문서나 그림 등을 '파일'이라고 하고, 파일이 저장된 공간을 '폴더'라고 합니다. 다음 그림을 보면 바나나와 사과가 바구니에 담겨 있는데요. 이 그림에서 바나나와 사과는 '파일'이라고 할 수 있고, 바구니는 '폴더'라고 할 수 있습니다.
그림을 하나 더 볼까요?
다음 그림을 보면 울타리 안에 양 세 마리와 강아지 한 마리가 있고, 울타리 안의 연못에 거위 다섯 마리와 개구리 두 마리가 있습니다. 이 그림에서 양 세마리, 강아지 한 마리, 거위 다섯 마리, 개구리 두 마리는 '파일'이라고 할 수 있고, 울타리와 연못은 '폴더'라고 할 수 있는데요. 울타리 안에 연못이 있는 것과 같이 폴더 안에 파일만 있는 것이 아니라 다른 폴더가 있을 수도 있습니다.

18. 과일이 바구니에 담겨 있네.

파일과 폴더 확인하기

파일과 폴더를 확인하려면 파일 탐색기를 사용해야 하는데요. 파일 탐색기는 폴더가 표시되는 탐색 창과 탐색 창에서 선택한 폴더의 내용이 표시되는 내용 창으로 구성되어 있답니다. 그럼, 파일과 폴더를 확인하는 방법에 대해 알아볼까요?

1. 파일 탐색기를 실행하기 위해 ⊞[시작] 단추를 클릭한 다음 앱 뷰에서 [Windows 시스템]을 클릭하고 [파일 탐색기]를 클릭합니다.

> 작업 표시줄에서 📁[파일 탐색기]를 클릭하여 파일 탐색기를 실행할 수도 있습니다.

2. 파일 탐색기가 실행되면 탐색 창에서 '내 PC\바탕 화면\빵터진 컴퓨터 모험1\김밥 재료' 폴더를 선택합니다.

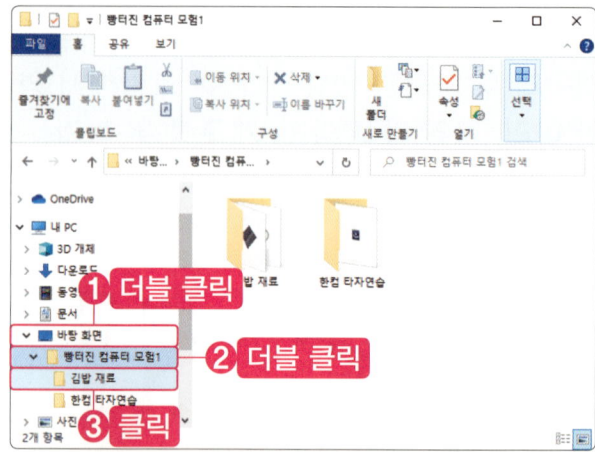

- '빵터진 컴퓨터 모험1' 폴더가 없는 경우에는 '빵터진 컴퓨터 모험1' 자료를 다운로드합니다.
- 폴더의 경로를 표기할 때는 '내 PC\바탕 화면\빵터진 컴퓨터 모험1\김밥 재료'와 같이 역슬래시(\)를 사용하여 표기합니다.
- 탐색 창에서 '빵터진 컴퓨터 모험1' 폴더를 더블 클릭하면 '빵터진 컴퓨터 모험1' 폴더 앞의 ▷ 표시가 ˅ 표시로 변경되면서 '김밥 재료' 폴더와 '한컴 타자연습' 폴더가 나타나는데요. 폴더 앞의 ▷ 표시는 다른 폴더가 있지만 표시되어 있지 않다는 의미이고, ˅ 표시는 다른 폴더가 표시되어 있다는 의미입니다.
- 폴더 아이콘은 노란색 서류철 모양(📁)입니다.

빵터진 컴퓨터 모험1

❸ 다음과 같이 '내 PC\바탕 화면\빵터진 컴퓨터 모험1\김밥 재료' 폴더 안에 파일이 있는 것을 확인할 수 있습니다.

마무리 학습

❶ 다음 내용을 읽고 □ 안에 들어갈 말은 무엇인지 적어 보세요.

> 저장된 문서나 그림 등을 '□□'(이)라고 하고, □□이(가) 저장된 공간을 '□□'(이)라고 합니다.

❷ 다음 그림은 오렌지와 멜론이 담겨 있는 바구니입니다. 이 그림에서 '파일'이라고 할 수 있는 것은 무엇이고, '폴더'라고 할 수 있는 것은 무엇인지 적어 보세요.

- 파일 : _____
- 폴더 : _____

활용 학습

우리 주변에서 '파일'이라고 할 수 있는 것과 '폴더'라고 할 수 있는 것을 찾아 적어 보세요.

- 파일 : _____
- 폴더 : _____ (예) 파일 : 연필, 지우개 / 폴더 : 필통

19 참치 김밥 만들어 줄게~

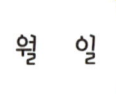
월 일

- 새 폴더를 만들고 파일을 복사/이동하는 방법에 대해 알아봅니다.
- 파일/폴더를 삭제하는 방법에 대해 알아봅니다.

배울내용 맛보기

여러분~ 안녕! 파일로 만들어 놓은 김밥 재료로 참치 김밥을 만들려면 '참치 김밥' 폴더를 만든 다음 '참치 김밥' 폴더에 참치 김밥 재료를 복사해야 한답니다. 그럼, 새 폴더를 만들고 파일을 복사/이동하는 방법과 파일/폴더를 삭제하는 방법에 대해 알아볼까요?

새 폴더 만들고 파일 복사/이동하기

파일 복사는 파일을 똑같이 한 개 또는 여러 개 더 만드는 것을 말하고, 파일 이동은 파일을 다른 폴더로 옮기는 것을 말하는데요. 파일뿐만 아니라 폴더도 복사하거나 이동할 수 있답니다. 그럼, 새 폴더를 만들고 파일을 복사/이동하는 방법에 대해 알아볼까요?

① 파일 탐색기를 실행하기 위해 ⊞[시작] 단추를 클릭한 다음 앱 뷰에서 [Windows 시스템]을 클릭하고 [파일 탐색기]를 클릭합니다.

② 파일 탐색기가 실행되면 새 폴더를 만들기 위해 탐색 창에서 '내 PC\바탕 화면\빵터진 컴퓨터 모험1' 폴더를 선택한 다음 [홈] 탭-[새로 만들기] 그룹에서 [새 폴더]를 클릭합니다.

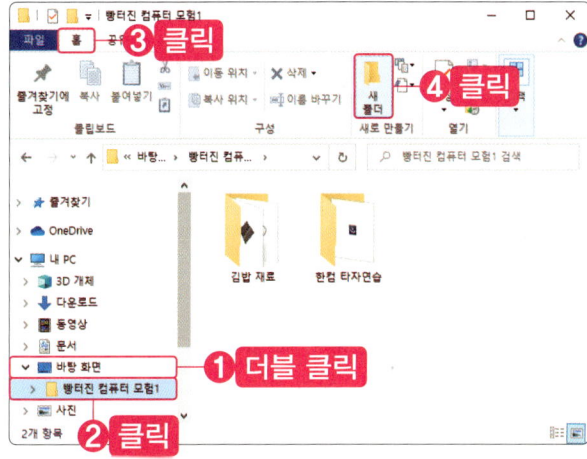

'빵터진 컴퓨터 모험1' 폴더가 없는 경우에는 '빵터진 컴퓨터 모험1' 자료를 다운로드합니다.

③ 새 폴더가 만들어지면 새 폴더의 이름(참치 김밥)을 입력한 다음 Enter 를 누릅니다.

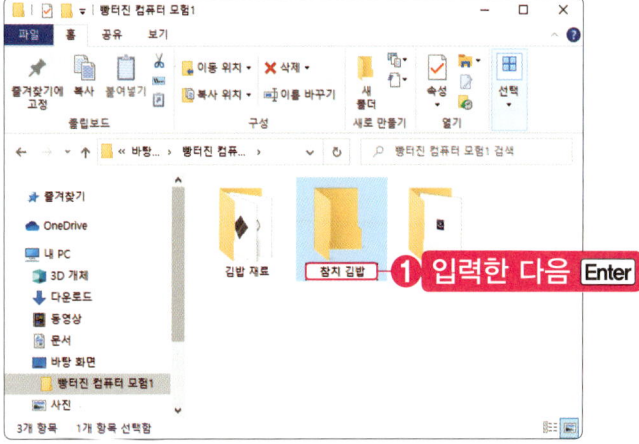

19. 참치 김밥 만들어 줄게~

④ 새 폴더의 이름이 바꾸어집니다.

 파일/폴더를 선택한 다음 [홈] 탭-[구성] 그룹에서 [이름 바꾸기]를 클릭하거나 F2 를 누르면 파일/폴더의 이름을 바꿀 수 있습니다.

⑤ 파일을 복사하기 위해 탐색 창에서 '내 PC\바탕 화면\빵터진 컴퓨터 모험1\김밥 재료' 폴더를 선택한 다음 내용 창에서 '계란', '김', '단무지', '당근', '맛살', '밥', '참치' 파일을 선택하고 [홈] 탭-[클립보드] 그룹에서 [복사]를 클릭합니다.

잠깐만요!

파일/폴더 선택하기

- 붙어 있는 파일/폴더 선택 : 파일/폴더를 드래그하거나 첫 번째 파일/폴더를 선택한 다음 Shift 를 누른 상태에서 마지막 파일/폴더를 선택합니다.
- 떨어져 있는 파일/폴더 선택 : 첫 번째 파일/폴더를 선택한 다음 Ctrl 을 누른 상태에서 다른 파일/폴더를 선택합니다.

⑥ 탐색 창에서 '내 PC\바탕 화면\빵터진 컴퓨터 모험1\참치 김밥' 폴더를 선택한 다음 [홈] 탭-[클립보드] 그룹에서 [붙여넣기]를 클릭합니다.

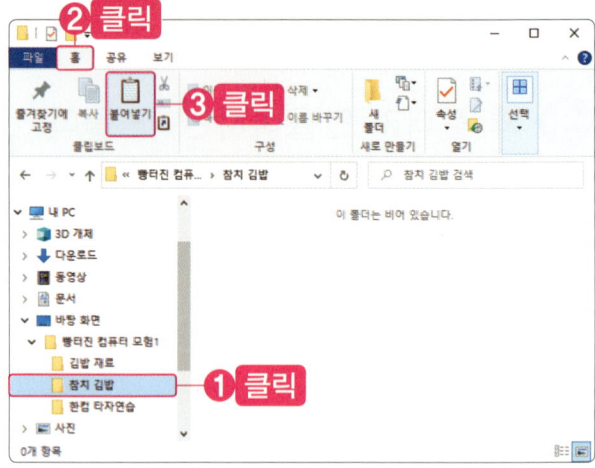

7 '내 PC\바탕 화면\빵터진 컴퓨터 모험1\김밥 재료' 폴더에 있는 '계란', '김', '단무지', '당근', '맛살', '밥', '참치' 파일이 '내 PC\바탕 화면\빵터진 컴퓨터 모험1\참치 김밥' 폴더에 복사됩니다.

8 파일을 이동하기 위해 탐색 창에서 '내 PC\바탕 화면\빵터진 컴퓨터 모험1\참치 김밥' 폴더를 선택한 다음 내용 창에서 '맛살' 파일과 '참치' 파일을 선택하고 [홈] 탭-[클립보드] 그룹에서 [잘라내기]를 클릭합니다.

9 탐색 창에서 '내 PC\바탕 화면\빵터진 컴퓨터 모험1' 폴더를 선택한 다음 [홈] 탭-[클립보드] 그룹에서 [붙여넣기]를 클릭합니다.

10 '내 PC\바탕 화면\빵터진 컴퓨터 모험1\참치 김밥' 폴더에 있는 '맛살' 파일과 '참치' 파일이 '내 PC\바탕 화면\빵터진 컴퓨터 모험1' 폴더로 이동됩니다.

19. 참치 김밥 만들어 줄게~

파일/폴더 삭제하기

파일/폴더는 만들 수도 있지만 삭제할 수도 있는데요. 파일/폴더를 삭제할 때는 삭제해도 되는 파일/폴더인지 확인하는 습관을 갖는 것이 바람직하답니다. 그럼, 파일/폴더를 삭제하는 방법에 대해 알아볼까요?

① 파일을 삭제하기 위해 탐색 창에서 '내 PC\바탕 화면\빵터진 컴퓨터 모험1' 폴더를 선택한 다음 내용 창에서 '맛살' 파일과 '참치' 파일을 선택하고 [홈] 탭-[구성] 그룹에서 [삭제]를 클릭합니다.

② [여러 항목 삭제] 대화상자가 나타나면 [예] 단추를 클릭합니다.

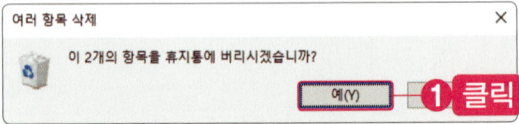

③ '내 PC\바탕 화면\빵터진 컴퓨터 모험1' 폴더에 있는 '맛살' 파일과 '참치' 파일이 삭제됩니다.

④ 폴더를 삭제하기 위해 탐색 창에서 '내 PC\바탕 화면\빵터진 컴퓨터 모험1' 폴더를 선택한 다음 내용 창에서 '참치 김밥' 폴더를 선택하고 [홈] 탭-[구성] 그룹에서 [삭제]를 클릭합니다.

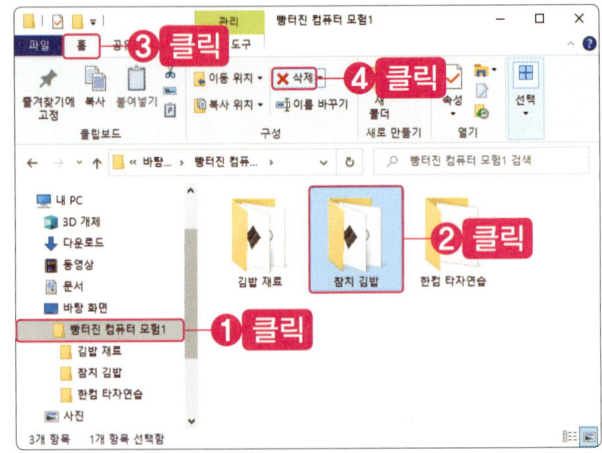

❺ [폴더 삭제] 대화상자가 나타나면 [예] 단추를 클릭합니다.

폴더가 삭제되면 폴더 안에 있는 파일도 삭제됩니다.

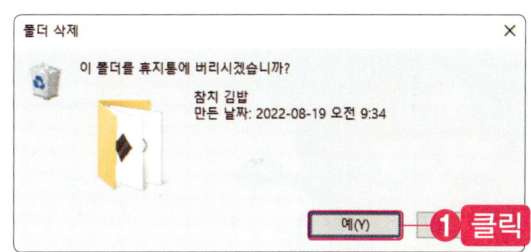

❻ '내 PC\바탕 화면\빵터진 컴퓨터 모험1' 폴더에 있는 '참치 김밥' 폴더가 삭제됩니다.

마무리 학습

❶ 다음과 같이 '내 PC\바탕 화면\빵터진 컴퓨터 모험1' 폴더 안에 '치즈 김밥' 폴더를 만들어 보세요.

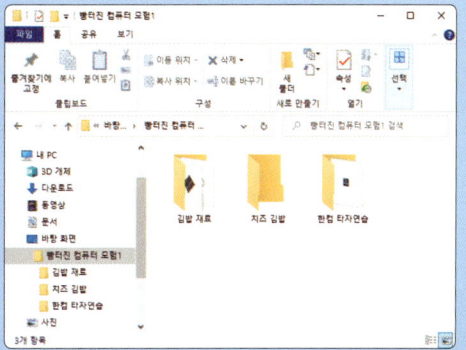

❷ 다음과 같이 '내 PC\바탕 화면\빵터진 컴퓨터 모험1\김밥 재료' 폴더에 있는 '계란', '김', '단무지', '당근', '밥', '치즈', '햄' 파일을 '내 PC\바탕 화면\빵터진 컴퓨터 모험1\치즈 김밥' 폴더에 복사해 보세요.

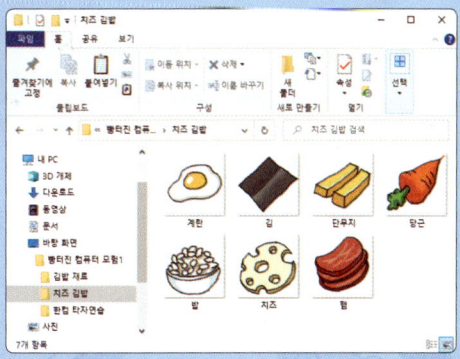

'내 PC\바탕 화면\빵터진 컴퓨터 모험1' 폴더에 있는 '치즈 김밥' 폴더를 삭제해 보세요.

20 꼭꼭 숨어라~ 작업 표시줄 보인다.

월   일

- 작업 표시줄의 크기를 조정하는 방법에 대해 알아봅니다.
- 작업 표시줄을 설정하는 방법에 대해 알아봅니다.

배울내용 맛보기

큰일 났어~
내가 무엇을 잘못 만졌는지
컴퓨터가 고장 난 것 같아.

안돼!
잠깐 기다려 봐~
선생님이 오시면
고쳐 주실 거야~

빨리 컴퓨터를 끄고
다른 자리에 앉아 있어~
다른 사람이 한 것처럼~

여러분~ 안녕! 작업 표시줄의 크기를 조정했네요. 컴퓨터가 고장 난 것이 아니니 걱정 안 하셔도 된답니다. 그럼, 작업 표시줄의 크기를 조정하는 방법과 작업 표시줄을 설정하는 방법에 대해 알아볼까요?

작업 표시줄의 크기 조정하기

작업 표시줄은 실행된 프로그램이 단추로 표시되는 곳인데요. 작업 표시줄의 크기는 고정되어 있지 않고 여러분이 보기 편하게 조정할 수 있답니다. 그럼, 작업 표시줄의 크기를 조정하는 방법에 대해 알아볼까요?

1 다음과 같이 작업 표시줄의 경계선을 드래그합니다.

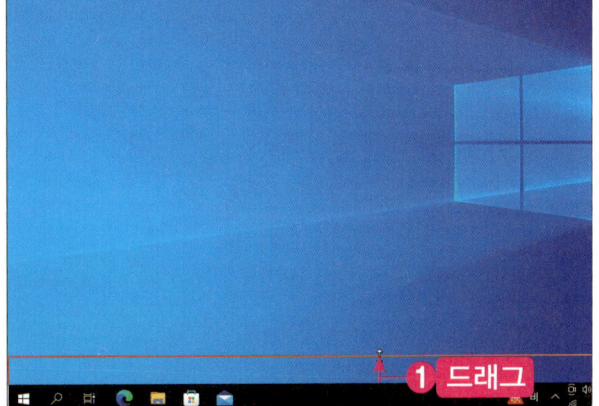

작업 표시줄의 크기는 바탕 화면 크기의 절반 크기까지 조정할 수 있습니다.

 잠깐만요!

작업 표시줄의 크기를 조정할 수 없는 경우

다음과 같이 작업 표시줄의 바로 가기 메뉴에서 [작업 표시줄 잠금]을 선택 해제하면 작업 표시줄의 크기를 조정할 수 있습니다.

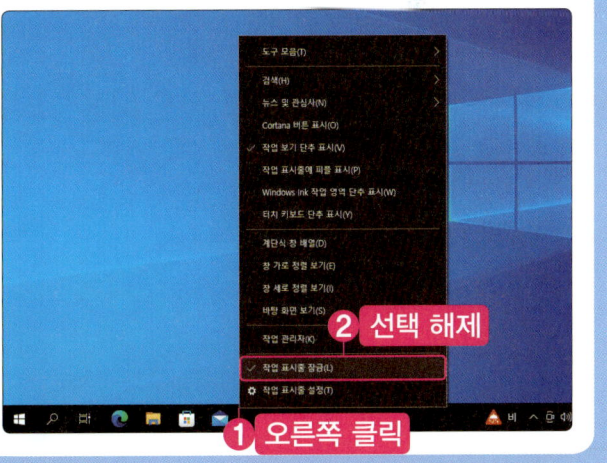

2 같은 방법으로 작업 표시줄의 크기를 원래의 크기로 조정합니다.

20. 꼭꼭 숨어라~ 작업 표시줄 보인다.

작업 표시줄 설정하기

작업 표시줄은 여러분이 사용하기 편하게 작업 표시줄 자동 숨기기, 작은 작업 표시줄 단추 사용, 작업 표시줄 잠금 등을 설정할 수 있답니다. 그럼, 작업 표시줄을 설정하는 방법에 대해 알아볼까요?

❶ 작업 표시줄의 바로 가기 메뉴에서 [작업 표시줄 설정]을 클릭합니다.

❷ [개인 설정] 창의 [작업 표시줄]이 나타나면 데스크톱 모드에서 작업 표시줄 자동 숨기기(켬)와 작은 작업 표시줄 단추 사용(켬)을 지정한 다음 [개인 설정] 창을 닫기 위해 ⊠[닫기] 단추를 클릭합니다.

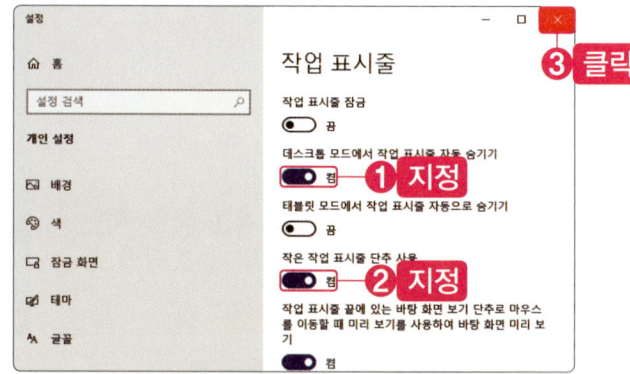

[켬/끔]의 오른쪽을 클릭하거나 ●을 오른쪽으로 드래그하면 켤 수 있고, [켬/끔]의 왼쪽을 클릭하거나 ○을 왼쪽으로 드래그하면 끌 수 있습니다.

❸ 작업 표시줄로 마우스 포인터를 가져가면 다음과 같이 작업 표시줄이 표시되고 작업 표시줄에 있는 단추 아이콘이 작은 아이콘으로 표시된 것을 확인할 수 있습니다.

작업 표시줄로 마우스 포인터를 가져가지 않으면 작업 표시줄이 자동으로 숨겨집니다.

4 같은 방법으로 [개인 설정] 창의 [작업 표시줄]에서 데스크톱 모드에서 작업 표시줄 자동 숨기기(끔)와 작은 작업 표시줄 단추 사용(끔)을 지정합니다.

마무리 학습

1 다음 내용을 읽고 □ 안에 들어갈 말은 무엇인지 적어 보세요.

> □□ □□□은(는) 실행된 프로그램이 단추로 표시되는 곳입니다.

2 다음과 같이 작업 표시줄의 크기를 바탕 화면 크기의 절반 크기로 조정한 다음 원래의 크기로 조정해 보세요.

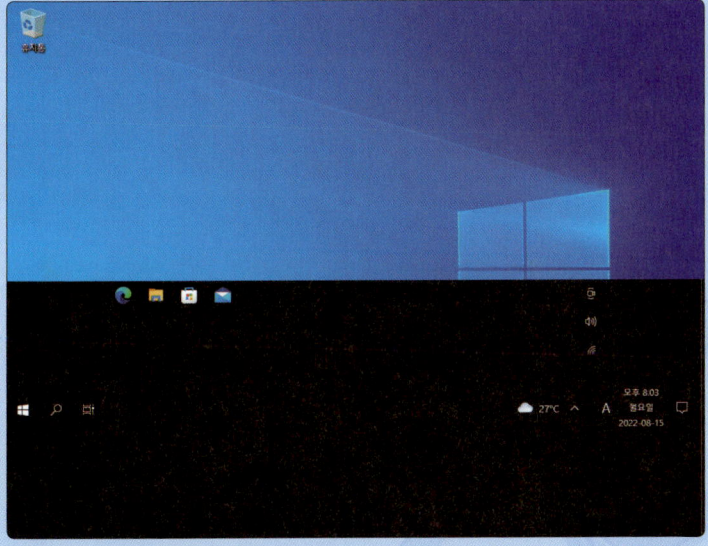

우리 집 컴퓨터는 데스크톱 모드에서 작업 표시줄 자동 숨기기가 '켬'으로 지정되어 있는지 '끔'으로 지정되어 있는지 알아보고 적어 보세요.

(예) 켬

21

삐뽀~ 삐뽀~ 빨리빨리~

 월 일

- 작업 표시줄에 프로그램을 고정하는 방법에 대해 알아봅니다.
- 바탕 화면에 프로그램 바로 가기 아이콘을 만드는 방법에 대해 알아봅니다.

배울내용 맛보기

와~ 바로 실행되네~ 어떻게 한 거야?

봤구나~ 바탕 화면에 있는 프로그램 바로 가기 아이콘을 더블 클릭한 거야~

나는 어떻게 하는지 봤어~ 바탕 화면에 있는 저 아이콘을 더블 클릭하던데~

여러분~ 안녕! 프로그램 바로 가기 아이콘은 프로그램을 실행할 수 있는 파일에 연결된 아이콘인데요. 아이콘 왼쪽 아래에 🔗 표시가 있답니다. 그럼, 작업 표시줄에 프로그램을 고정하는 방법과 바탕 화면에 프로그램 바로 가기 아이콘을 만드는 방법에 대해 알아볼까요?

빵터진 컴퓨터 모험1

작업 표시줄에 프로그램 고정하기

작업 표시줄에 프로그램을 고정하면 앱 뷰에서 프로그램을 찾지 않고 바로 실행할 수 있는데요. 작업 표시줄에 고정된 프로그램은 클릭하여 실행한답니다. 그럼, 작업 표시줄에 프로그램을 고정하는 방법에 대해 알아볼까요?

1　[시작] 단추를 클릭한 다음 앱 뷰에서 [Windows 보조프로그램]을 클릭하고 [메모장]의 바로 가기 메뉴에서 [자세히]-[작업 표시줄에 고정]을 클릭합니다.

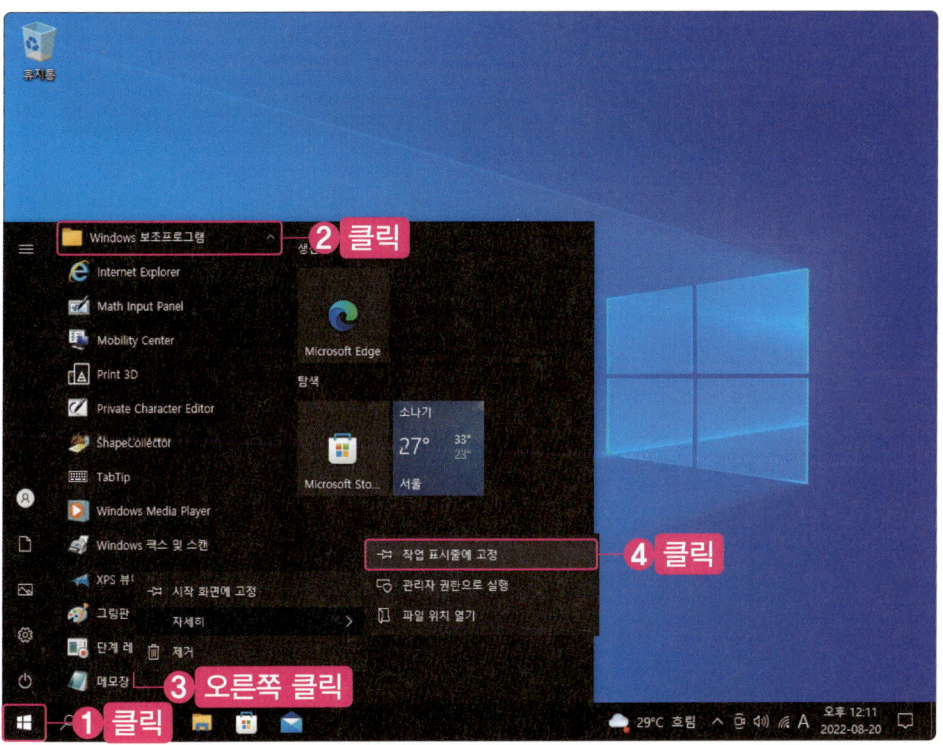

 프로그램을 작업 표시줄로 드래그하여 작업 표시줄에 프로그램을 고정할 수도 있습니다.

② 작업 표시줄에 메모장이 고정되면 작업 표시줄에서 [메모장] 단추를 클릭합니다.

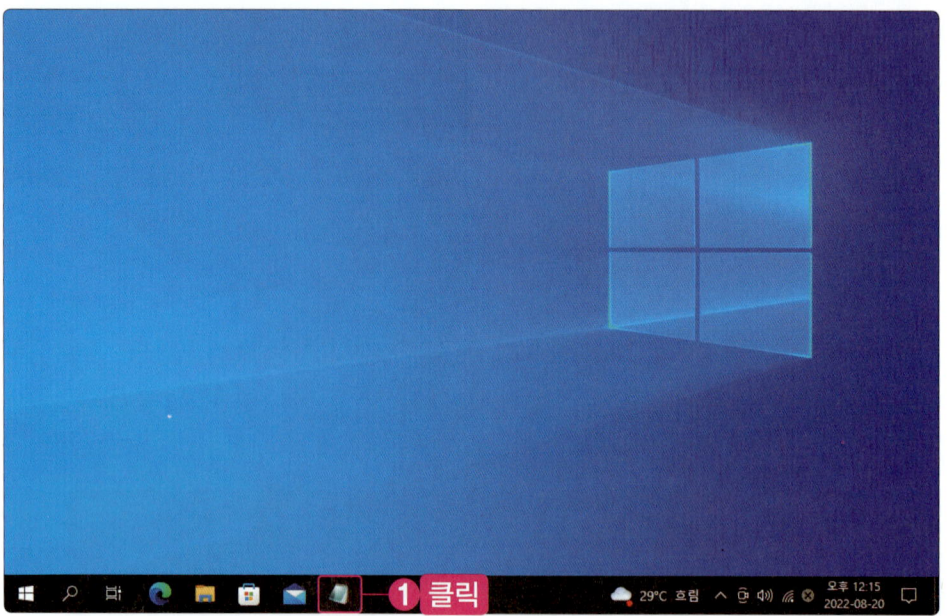

③ 메모장이 실행되면 메모장을 종료하기 위해 ×[닫기] 단추를 클릭합니다.

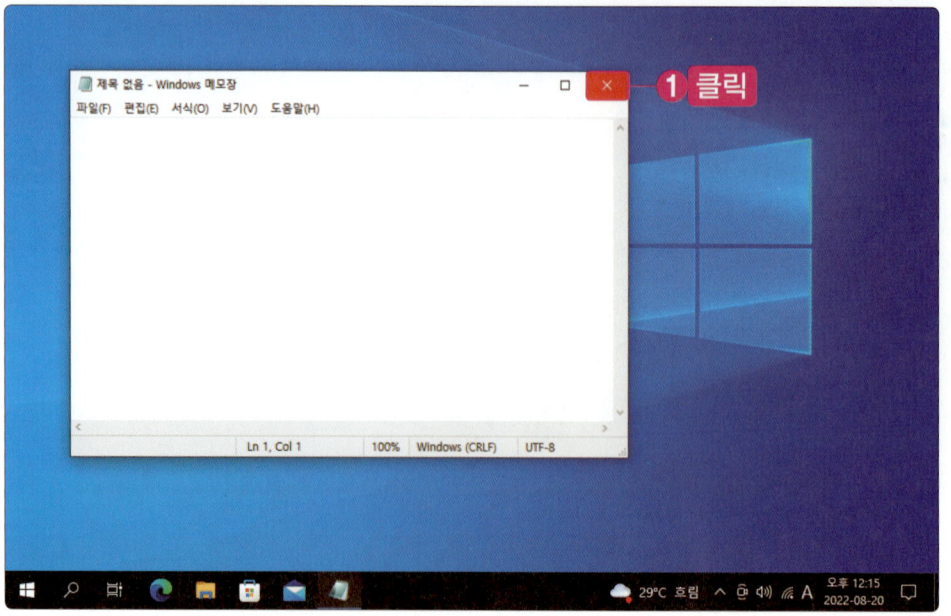

④ 메모장이 종료됩니다.

작업 표시줄에 있는 [메모장] 단추의 바로 가기 메뉴에서 [작업 표시줄에서 제거]를 클릭하면 작업 표시줄에서 [메모장] 단추를 제거할 수 있습니다.

빵터진 컴퓨터 모험1

바탕 화면에 프로그램 바로 가기 아이콘 만들기

바탕 화면에 프로그램 바로 가기 아이콘을 만들면 앱 뷰에서 프로그램을 찾지 않고 바로 실행할 수 있는데요. 바탕 화면에 만들어진 프로그램 바로 가기 아이콘은 더블 클릭하여 실행한답니다. 그럼, 바탕 화면에 프로그램 바로 가기 아이콘을 만드는 방법에 대해 알아볼까요?

1 ⊞[시작] 단추를 클릭한 다음 앱 뷰에서 [Windows 보조프로그램]을 클릭하고 [그림판]의 바로 가기 메뉴에서 [자세히]-[파일 위치 열기]를 클릭합니다.

2 파일 탐색기가 나타나면 그림판 바로 가기 아이콘의 바로 가기 메뉴에서 [보내기]-[바탕 화면에 바로 가기 만들기]를 클릭합니다.

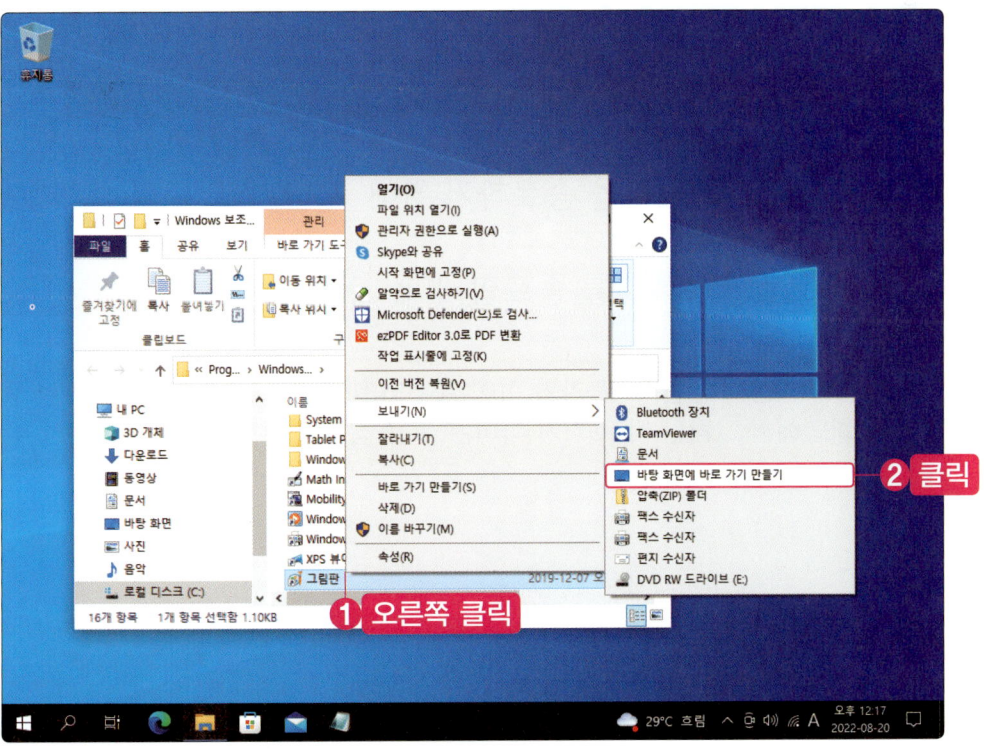

21. 삐뽀~ 삐뽀~ 빨리빨리~

❸ 바탕 화면에 그림판 바로 가기 아이콘( )이 만들어지면 바탕 화면에서 그림판 바로 가기 아이콘( )을 더블 클릭합니다.

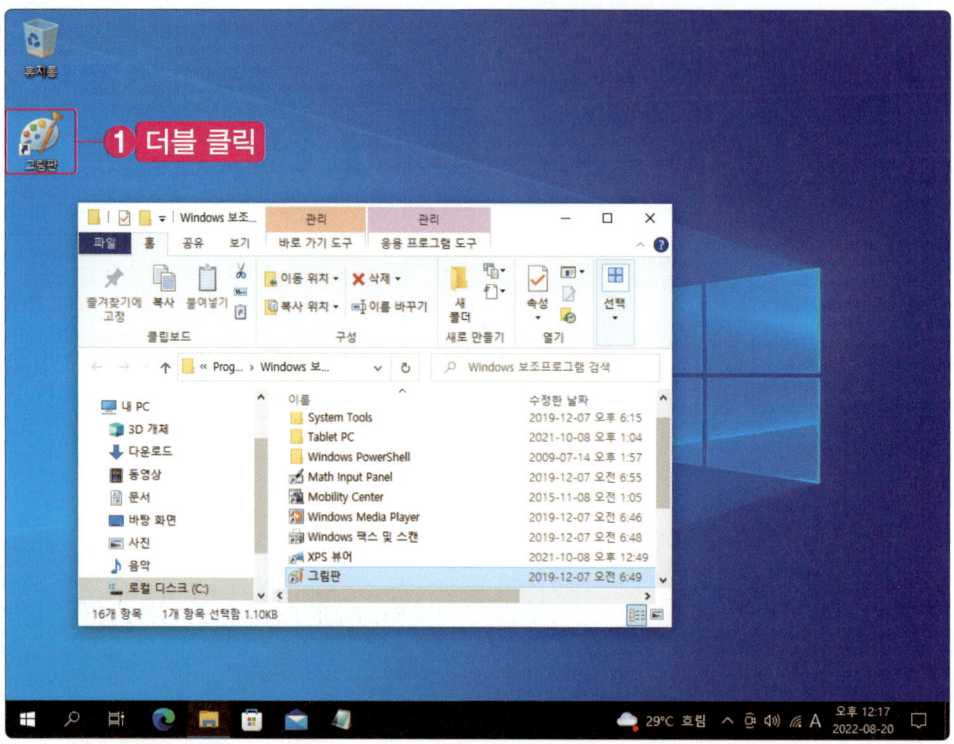

❹ 그림판이 실행되면 그림판을 종료하기 위해 ×[닫기] 단추를 클릭합니다.

❺ 같은 방법으로 파일 탐색기를 종료합니다.

바탕 화면에 있는 그림판 바로 가기 아이콘( )의 바로 가기 메뉴에서 [삭제]를 클릭하면 바탕 화면에서 그림판 바로 가기 아이콘( )을 삭제할 수 있습니다.

마무리 학습

1 다음과 같이 작업 표시줄에 캡처 도구를 고정한 다음 작업 표시줄에서 [캡처 도구] 단추를 클릭하여 캡처 도구를 실행해 보세요.

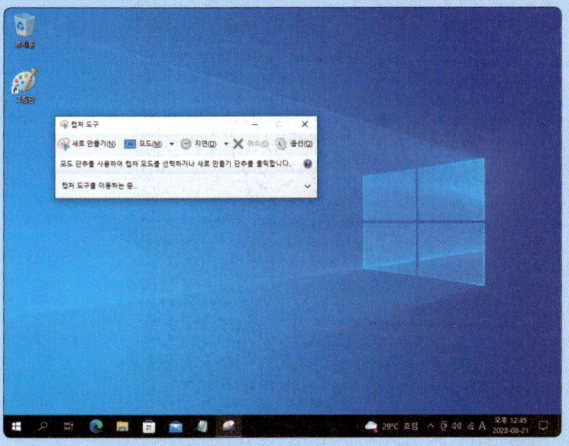

2 다음과 같이 바탕 화면에 워드패드 바로 가기 아이콘( )을 만든 다음 바탕 화면에서 워드패드 바로 가기 아이콘( )을 더블 클릭하여 워드패드를 실행해 보세요.

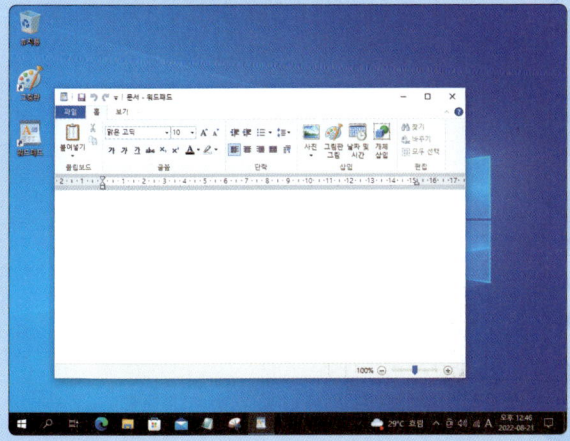

작업 표시줄에서 [메모장] 단추와 [캡처 도구] 단추를 제거한 다음 바탕 화면에서 그림판 바로 가기 아이콘( )과 워드패드 바로 가기 아이콘( )을 삭제해 보세요.

월   일

22 컴퓨터야, 바탕 화면 꾸며 줄게~

- 바탕 화면 배경과 바탕 화면 색을 지정하는 방법에 대해 알아봅니다.
- 테마를 지정하는 방법에 대해 알아봅니다.

 배울내용 맛보기

와~ 멋있는데~ 사진은 어디서 구했어?

따로 구한 것은 아니고 윈도우에서 제공하는 사진이야~ 아마 바다 사진도 있을 거야~

나는 바다가 더 좋은데... 바다 사진은 없니?

 여러분~ 안녕! 바탕 화면 배경과 바탕 화면 색을 지정했네요. 바탕 화면 배경과 바탕 화면 색은 언제든지 여러분이 원하는 사진이나 색 등으로 변경할 수 있답니다. 그럼, 바탕 화면 배경과 바탕 화면 색을 지정하는 방법과 테마를 지정하는 방법에 대해 알아볼까요?

바탕 화면 배경과 바탕 화면 색 지정하기

바탕 화면 배경은 바탕 화면을 사진이나 단색 등으로 예쁘게 꾸밀 수 있는 기능이고, 바탕 화면 색은 시작 메뉴나 작업 표시줄 등을 색으로 예쁘게 꾸밀 수 있는 기능이랍니다. 그럼, 바탕 화면 배경과 바탕 화면 색을 지정하는 방법에 대해 알아볼까요?

1 바탕 화면의 바로 가기 메뉴에서 [개인 설정]을 클릭합니다.

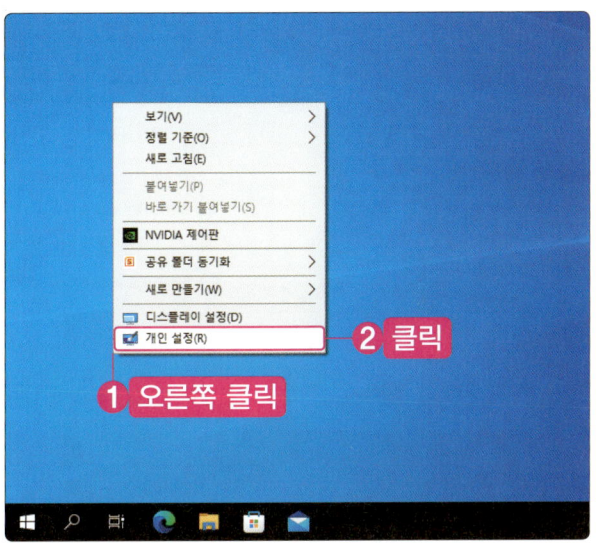

2 [개인 설정] 창의 [배경]이 나타나면 배경(사진)을 선택한 다음 사용자 사진(🖼)을 선택하고 [색]을 클릭합니다.

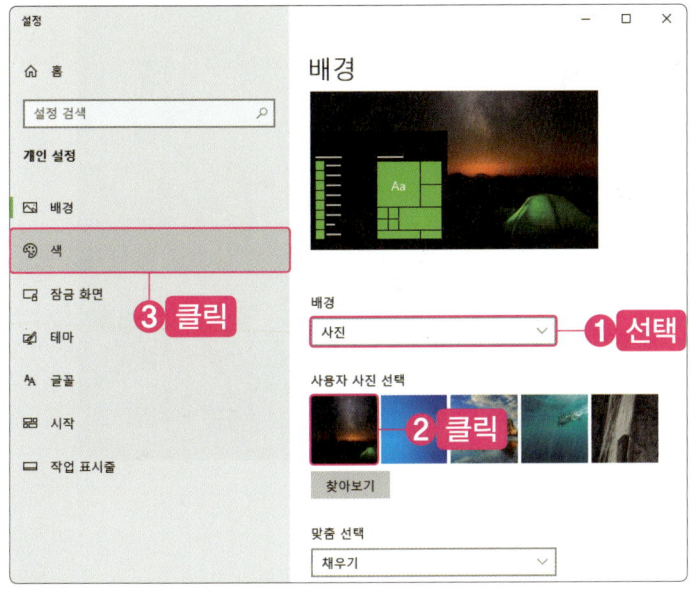

3 [개인 설정] 창의 [색]이 나타나면 [금색]을 선택한 다음 [시작, 작업 표시줄 및 알림 센터]를 선택하고 [개인 설정] 창을 닫기 위해 ×[닫기] 단추를 클릭합니다.

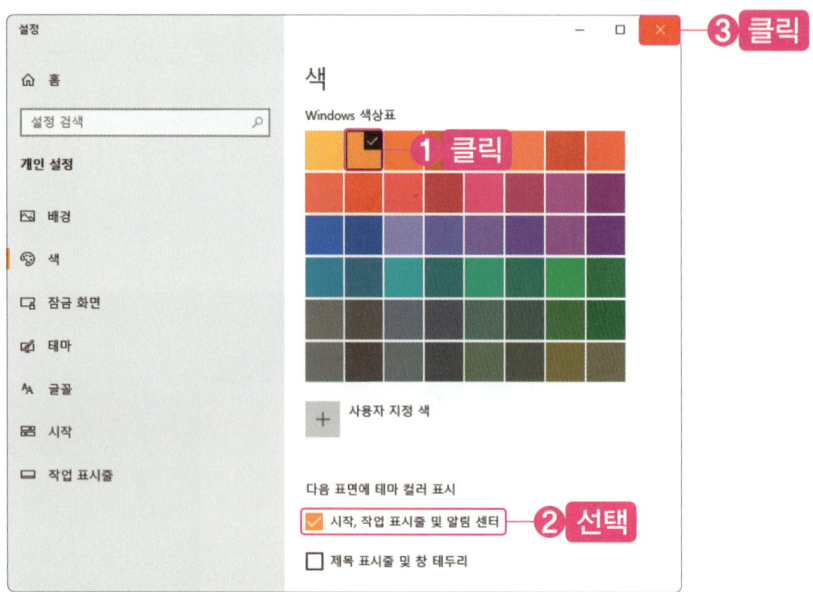

4 다음과 같이 바탕 화면 배경과 바탕 화면 색이 지정됩니다.

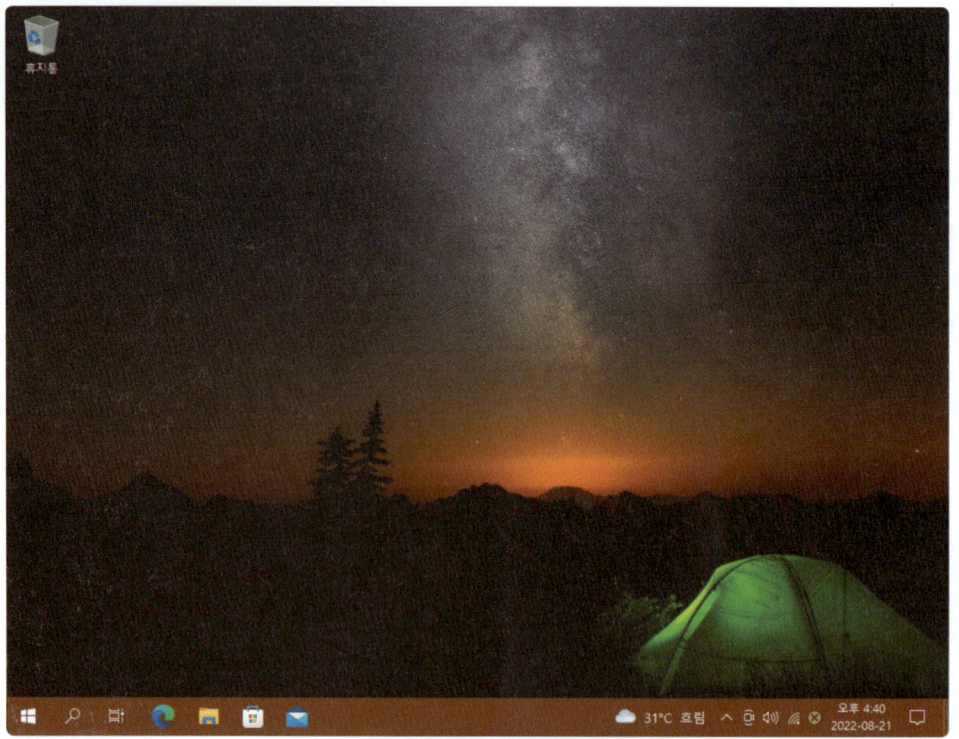

테마 지정하기

테마는 바탕 화면 배경이나 바탕 화면 색 등의 모음인데요. 테마를 지정하면 한 번에 바탕 화면, 시작 메뉴, 작업 표시줄 등을 예쁘게 꾸밀 수 있답니다. 그럼, 테마를 지정하는 방법에 대해 알아볼까요?

1 바탕 화면의 바로 가기 메뉴에서 [개인 설정]을 클릭합니다.

2 [개인 설정] 창의 [배경]이 나타나면 [테마]에서 [Windows 10]을 선택한 다음 사진 변경 시간을 지정하기 위해 [배경]을 클릭합니다.

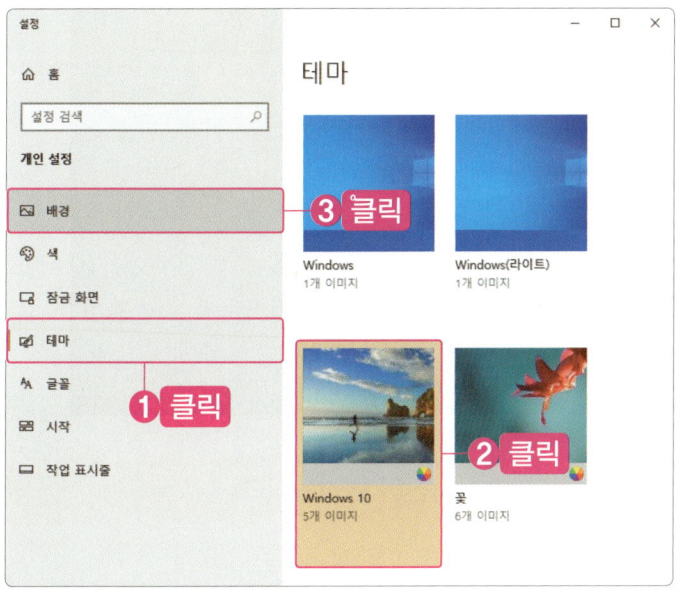

22. 컴퓨터야, 바탕 화면 꾸며 줄게~

③ [개인 설정] 창의 [배경]이 나타나면 다음 간격마다 사진 변경(1분)을 선택한 다음 [개인 설정] 창을 닫기 위해 ×[닫기] 단추를 클릭합니다.

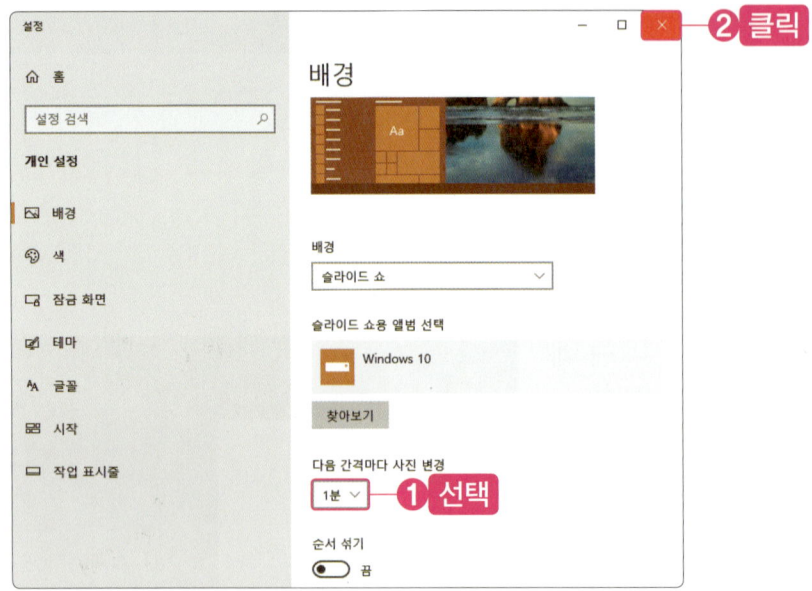

④ 다음과 같이 테마가 지정됩니다.

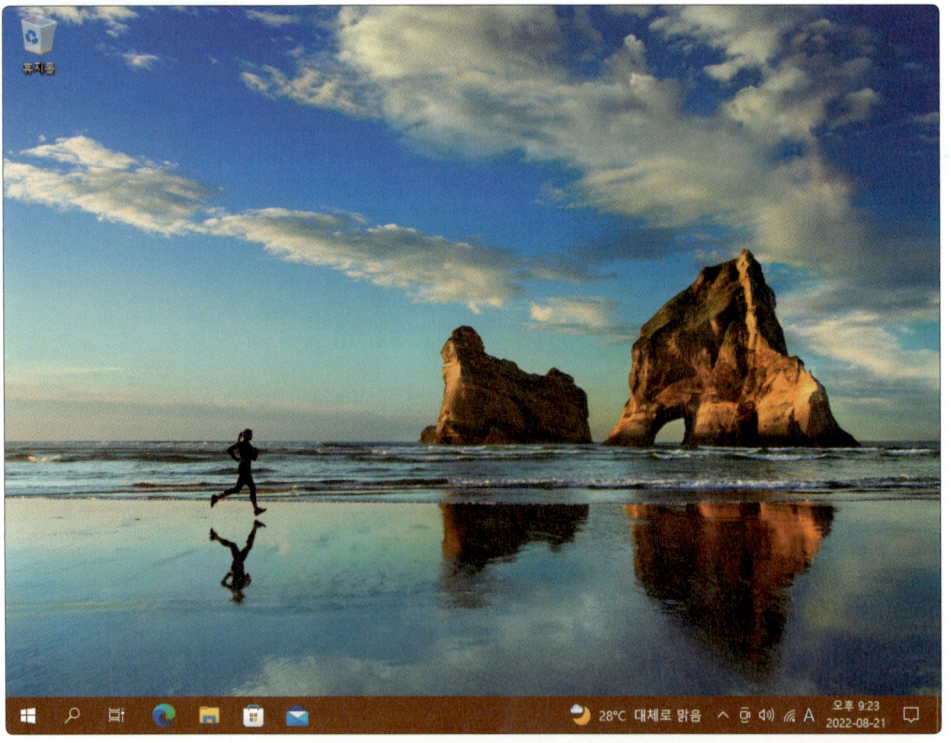

지정한 사진 변경 시간(여기서는 1분)마다 사진이 변경됩니다.

마무리 학습

1 다음과 같이 바탕 화면 배경과 바탕 화면 색을 지정해 보세요.
- 바탕 화면 배경 지정 : 배경(사진), 사용자 사진(■)
- 바탕 화면 색 지정 : 색(기본 파란색), [시작, 작업 표시줄 및 알림 센터] 선택

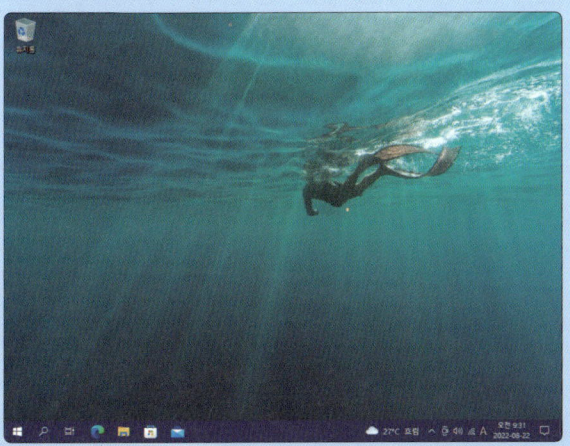

2 다음과 같이 테마를 지정해 보세요.
- 테마 지정 : 테마(꽃), 다음 간격마다 사진 변경(1분)

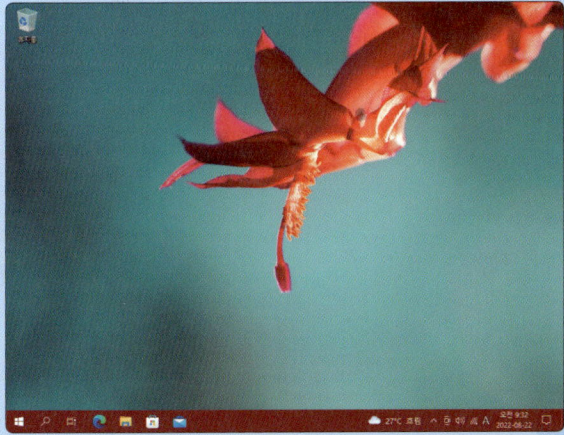

다음과 같이 테마와 바탕 화면 색을 지정해 보세요.
- 테마 지정 : 테마(Windows)
- 바탕 화면 색 지정 : [시작, 작업 표시줄 및 알림 센터] 선택 해제

23 컴퓨터야, 화면 보호해야지.

월   일

- 잠금 화면 배경을 지정하는 방법에 대해 알아봅니다.
- 화면 보호기를 지정하는 방법에 대해 알아봅니다.

배울내용 맛보기

너희들이 게임만 해서 누가 컴퓨터를 잠가 놓았나 보네.

어? 시작 단추랑 작업 표시줄이 안 보이네~

게임해야 하는데... 큰일 났네~

여러분~ 안녕! 저 화면은 잠금 화면이에요. 선생님이 잠금을 해제해 줄게요. 대신 열심히 공부해야 한답니다. 그럼, 잠금 화면 배경을 지정하는 방법과 화면 보호기를 지정하는 방법에 대해 알아볼까요?

잠금 화면 배경 지정하기

잠금 화면 배경은 잠금 화면을 사진이나 Windows 추천 등으로 예쁘게 꾸밀 수 있는 기능인데요. 잠금은 문을 잠그듯이 컴퓨터를 잠그는 것이랍니다. 그럼, 잠금 화면 배경을 지정하는 방법에 대해 알아볼까요?

1 바탕 화면의 바로 가기 메뉴에서 [개인 설정]을 클릭합니다.

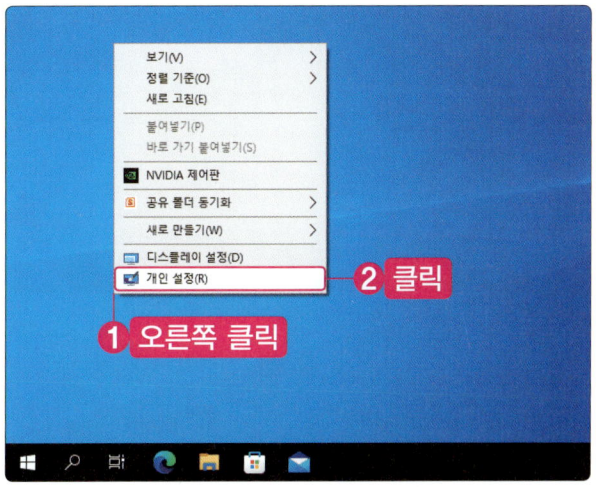

2 [개인 설정] 창의 [배경]이 나타나면 [잠금 화면]에서 배경(사진)을 선택한 다음 사용자 사진(🖼)을 선택하고 [개인 설정] 창을 닫기 위해 ✕[닫기] 단추를 클릭합니다.

23. 컴퓨터야, 화면 보호해야지.

③ 잠금 화면 배경이 지정된 것을 확인하기 위해 ⊞[시작] 단추를 클릭한 다음 ⓐ[계정]을 클릭하고 [잠금]을 클릭합니다.

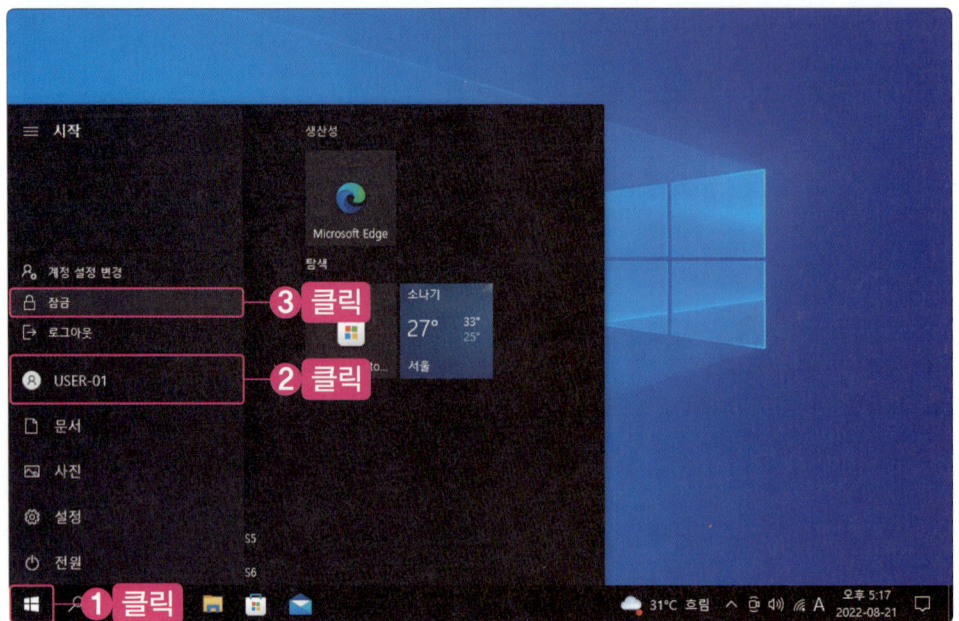

④ 다음과 같이 잠금 화면 배경이 지정된 것을 확인할 수 있습니다. 잠금을 해제하기 위해 잠금 화면을 클릭합니다.

⑤ 로그인 화면이 나타나면 [로그인] 단추를 클릭합니다.

⑥ 바탕 화면이 나타납니다.

화면 보호기 지정하기

화면 보호기는 일정 시간 동안 컴퓨터를 사용하지 않으면 화면을 어둡게 하거나 움직이는 그림을 표시하여 화면을 보호하는 프로그램이랍니다. 그럼, 화면 보호기를 지정하는 방법에 대해 알아볼까요?

1. 바탕 화면의 바로 가기 메뉴에서 [개인 설정]을 클릭합니다.

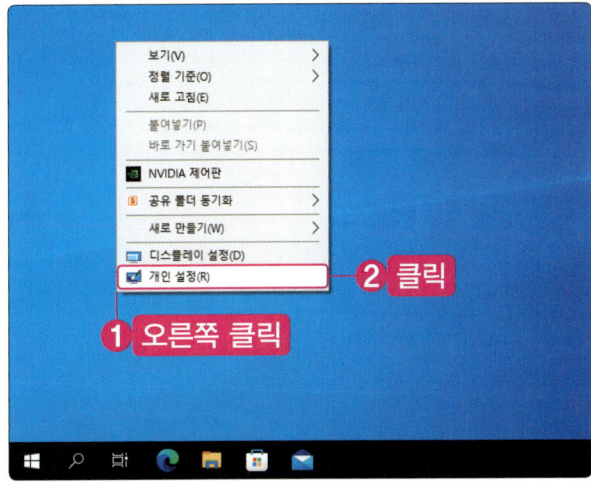

2. [개인 설정] 창의 [배경]이 나타나면 [잠금 화면]에서 [화면 보호기 설정]을 클릭합니다.

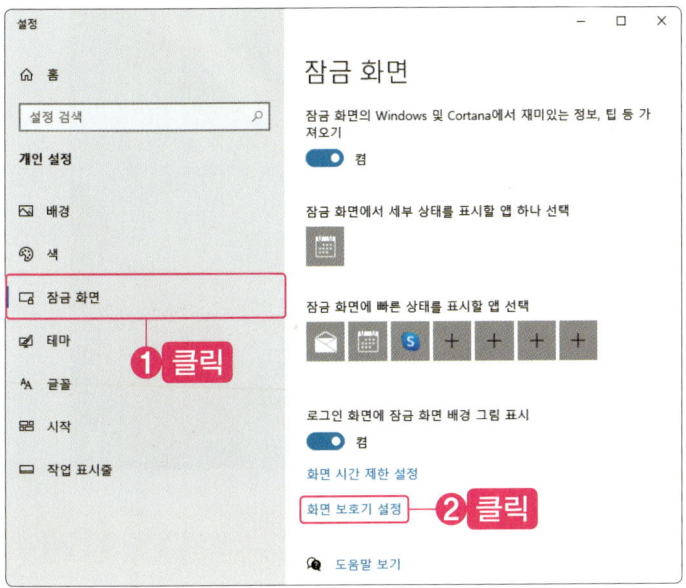

23. 컴퓨터야, 화면 보호해야지.

③ [화면 보호기 설정] 대화상자가 나타나면 화면 보호기(리본)를 선택한 다음 대기(1)를 입력하고 [확인] 단추를 클릭합니다.

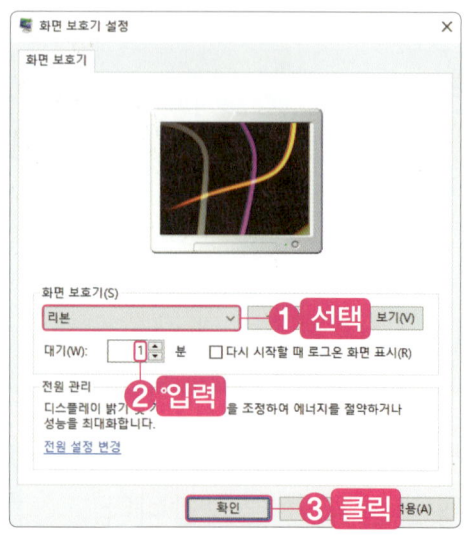

④ [개인 설정] 창이 다시 나타나면 [개인 설정] 창을 닫기 위해 ×[닫기] 단추를 클릭합니다.

⑤ 지정한 시간(여기서는 1분) 동안 컴퓨터를 사용하지 않으면 다음과 같이 화면 보호기가 실행되는 것을 확인할 수 있습니다.

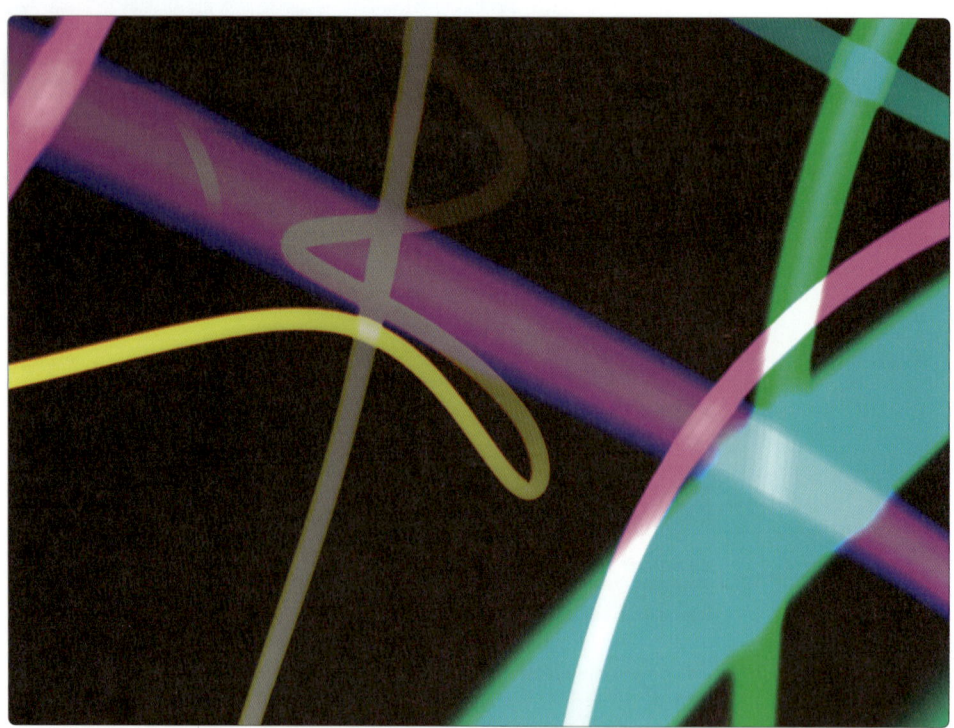

 키보드에서 임의의 키를 누르거나 마우스를 움직이면 화면 보호기가 종료됩니다.

마무리 학습

1 다음과 같이 잠금 화면 배경을 지정해 보세요.
- 잠금 화면 배경 지정 : 배경(사진), 사용자 사진( )

2 다음 내용을 읽고 □ 안에 들어갈 말은 무엇인지 적어 보세요.

> □□ □□□은(는) 일정 시간 동안 컴퓨터를 사용하지 않으면 화면을 어둡게 하거나 움직이는 그림을 표시하여 화면을 보호하는 프로그램입니다.

다음과 같이 화면 보호기를 지정해 보세요.
- 화면 보호기 지정 : 화면 보호기(비눗방울), 대기(1분)

24 어스와 컴퓨터 능숙하게 다루기

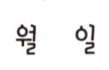

앗~ 동생이 집에 있는 컴퓨터를 고장 냈어요. 그래서 컴퓨터를 능숙하게 다루게 된 어스에게 컴퓨터를 고쳐 달라고 부탁했는데요. 어스가 컴퓨터를 잘 고칠 수 있도록 여러분이 도와주세요.

1. 어스가 부품을 여기저기 흩어놓고 컴퓨터를 고치고 있어요. 저러다가 부품을 하나라도 잃어버리면 컴퓨터를 못 고칠 것 같아요. 어스가 부품을 잃어버리지 않도록 여러분이 '□□'(이)라고 할 수 있는 부품을 '□□'(이)라고 할 수 있는 부품통에 분류하여 넣어두어야 한다고 알려주세요.

2. 어스가 먹을 것을 찾아요. 저러다가 먹을 것을 못 찾으면 컴퓨터를 안 고칠 것 같아요. 어스가 배고프지 않도록 여러분이 '내 PC\바탕 화면\빵터진 컴퓨터 모험1' 폴더 안에 '꼬마 김밥' 폴더를 만든 다음 '내 PC\바탕 화면\빵터진 컴퓨터 모험1\김밥 재료' 폴더에 있는 '김', '단무지', '밥', '햄' 파일을 '내 PC\바탕 화면\빵터진 컴퓨터 모험1\꼬마 김밥' 폴더에 복사하여 꼬마 김밥을 만들어 주세요.

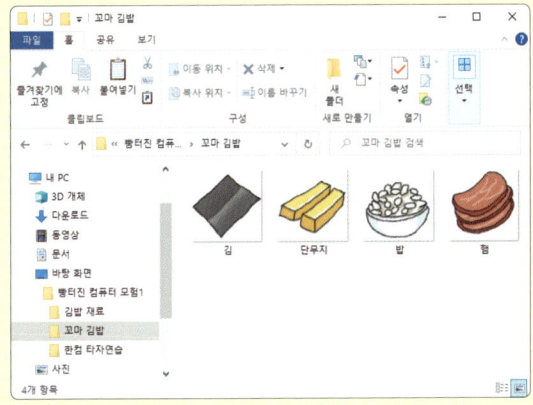

3. 꼬마 김밥을 먹은 어스가 잠시 쉬고 있어요. 그런데 화면 보호기를 지정하지 않으면 아직 프로그램을 설치하지 못한 바탕 화면이 보여서 편안하게 못 쉴 것 같아요. 어스가 편안하게 쉴 수 있도록 여러분이 1분 동안 컴퓨터를 사용하지 않으면 '춤추는 다각형' 화면 보호기가 실행되게 지정해 주세요.

24. 어스와 컴퓨터 능숙하게 다루기

4. 드디어 어스가 컴퓨터를 고쳤어요. 그런데 잠금 화면 배경을 지정하지 않으면 동생이 다시 컴퓨터를 고장 낼 것 같아요. 동생이 다시 컴퓨터를 고장 내지 않도록 여러분이 잠금 화면 배경을 'Windows 추천'으로 선택하여 지정해 주세요.